U0883378

华尔街 Ⅱ

金融的力量

THE POWER OF FINANCE

Wall Street

纪录片《华尔街》主创团队◇著

中国商业出版社

图书在版编目(CIP)数据

华尔街. 2/纪录片《华尔街》主创团队编著. —北京：中国商业出版社，2010.12

ISBN 978-7-5044-6973-1

Ⅰ.①华… Ⅱ.①纪… Ⅲ.①证券交易—资本市场—经济史—美国 Ⅳ.①F837.129

中国版本图书馆 CIP 数据核字(2010)第 254958 号

责任编辑：王　彦

中国商业出版社出版发行

010-63033100 www.c-cbook.com

（100053 北京广安门内报国寺 1 号 ）

新华书店总店北京发行所经销

廊坊市兰新雅彩印有限公司

* * * * *

710 毫米×1000 毫米 1/16 开 18 印张 160 千字

2011 年 4 月第 1 版 2011 年 4 月第 1 次印刷

定价：39.80 元

* * * *

（如有印装质量问题可更换）

序 PREFACE

端详华尔街

招商银行行长　马蔚华博士

中央电视台大型纪录片《华尔街》及同名图书的面世，受到了国内外广大观众和读者的认可和好评；为了让社会各界看到一个更加全面、更加生动的华尔街，现在又适时推出了《华尔街》第二本同名书籍，谨致以最美好的祝福！

我非常赞同纪录片《华尔街》所表达的一个基本观点，即华尔街创造财富的力量远大于破坏财富的力量。一方面，由于华尔街贪婪、逐利的本性，不断引发金融危机，对财富造成了很大破坏，这在此次国际金融危机中尤其明显，如全球股票市值 2008 年末几乎较高峰时下跌了一半，金融衍生产品名义价值下降了近 60 万亿美元，全球信贷损失也将超过 2.2 万亿美元。另一方面，华尔街是撬动美国经济的杠杆，从独立战争、南北战争到两次世界大战，从 19 世纪末美国工业化进程到 20 世纪末新经济转轨，华尔街在美国不同的历史时期承担了不同的使命，并创造出了巨大的财富，从某种意义上讲，华尔街创造了现代美国。

华尔街充满着巨大魅力，拥有许多与众不同的特质。在我看来，华尔街最大的特质在于其内在鲜明的创新性、市场性与适应性。

创新是华尔街的生命。从资产支持证券到货币市场基金，从浮动利率债券到远期利率协定，从外汇期货到货币互换，从利率掉期到各式各样的信用衍生品，华尔街总是能够层出不穷地创新金融产品，并藉此推动金融市场的颠覆性变革。华尔街创新的秘诀在于了解与适应客户不断变化的需求特征。我很欣赏一位华尔街金融高管说过的一句话："跟着客户的需求走，迅速转型，一直是华尔街长盛不衰的秘密。华尔街永远不会死去。"华尔街的持续创新，最终将其塑造成为全球 IPO 数量及市值第一、每日资金流量高达上万亿美元的国际金融中心，这在为全球金融市场发展做出贡献的同时，也有力促进了美国的技术进步、产业升级与经济转型。

华尔街崇尚市场，鼓励人们在自由的市场氛围中竞争与创业，实现自己的梦想。200 多年来，华尔街形成了平等宽松的文化理念、竞争开放的市场环境和鼓励创新的体制机制。得益于风险投资公司的支持和帮助，任何有价值的创意和技术都有可能萌芽和生长。也正是在华尔街金融资本的支持下，美国的电脑、通讯、电子等高新技术才能够在 20 世纪 90 年代取得了长足发展，微软、苹果、英特尔、思科等一大批创业型公司才能够得以蓬勃兴起并发展成为全球知名的跨国公司。

华尔街维系着一个复杂的生态链，在这个生态链中，政府、媒体、证券分析公司、投资网站、行业协会以及律师事务所、会计师事务所等社会中介占据着相应的地位，形成了对上市公司与金融机构立体式、多元化的监督制约体系。正是在上述各类参与主体相互作用、相互制约、共生共存的进程中，华尔街在完善自身游戏规则、运行机制特别是资本市场制度安排上进行了坚韧不拔的持续努力，进而一路前行。金融危机是对华尔街金融市场贪婪、投机的惩罚，仅上世纪以来华尔街就发生了诸如 1907 年银行危机、1929 年大萧条、储贷危机、新经济泡沫破灭和次贷危机等多次大型金融危机，虽然屡遭重创，但华尔街总能在危机中不断进行自我调整和更新；即使伤筋动骨，也能满身伤痕地站起来，并在新的监管与市场环境中实现更高层次的发展。这不能不说是一个奇迹。

此次国际金融危机的爆发，华尔街承担着不可回避与推卸的责任。危机发生后，国际货币基金组织、世界银行等机构和世界各国都对此进行了很多反思，G20 首尔峰会也正式通过了全球金融监管改革的重大方案。两年多后再回首，由华尔街引发的这场金融危机对中国金融业发展究竟有何启迪？中国金融业究竟应如何客观评价与理性看待危机后西方各国的金融监管改革？我对此有这样一些体会：

一是既不能妄自菲薄，也不能妄自尊大。在此次百年一遇的国际金融危机中，与欧美金融业遭受重创形成鲜明对比，我国金融业依然保持着良好的运行态势与经营绩效，国际地位相对提高。我国金融业之所以幸运地躲过金融危机的劫难，“风景这边独好”，得益于改革开放 30 多年来自身整体实力的不断增强以及我国金融监管体系的日益完善，同时也是因为我国金融业参与国际市场的广度与深度还相当有限。由于国际化程度不高，金融危机给中国金融业造成的直接损失自然较小。这就像一个不会游泳的人，没有下到海里去，当然不会被海水淹死。但需要清醒认识的是，中国金融机构没有被淹死，并不意味着我们具备了到海里游泳的本领，也不意味着今后可以不必下海。

二是既不能重蹈覆辙，也不能因噎废食。华尔街创造财富的秘诀在于金融创新，而创新过度又恰恰引发了此次国际金融危机。对此我们要认真吸取教训，引以为戒。与此同时也应看到，与西方发达国家相比，我国的金融创新才刚刚起步，金融市场的发展和金融衍生工具的创新运用还存在相当大的差距。当前我国金融业面临的主要矛盾不是创新开发过度，而是创新不足。我们仍应鼓励金融业在风险可控前提下积极开展那些基于实体经济需求的金融创新，增强金融体系的竞争力与活力。

三是既不能简单排斥，也不能照搬照抄。此次金融危机充分暴露了西方主要金融机构发展模式存在根本性缺陷，以及金融监管方面存在漏洞，危机后欧美国家制定了新的金融监管改革方案，国际金融监管架构和规则正在发生重大变革。由于我国金融业与欧美金融业处于不同的发展阶段，金融深化与开放程度、市场基础设施建设、业务创新能力还远不能与其相比。因此，人家治病，我们不能照方吃药。对于欧美国家的金融监管改革方案，我们应积极借鉴，但不宜全盘搬抄，应充分考虑中国国情，把国际经验和国内实际紧密结合起来，将国际标准本土化，以取得良好效果。

当前，中国正在加快构建强大健全的金融市场体系，需要拥有更为开阔的国际化视野，认真吸取包括华尔街在内的国际金融中心发展的经验与教训，设法去芜存菁、存利除弊。中央电视台《华尔街 2》的推出，必将对我们进一步了解华尔街、加深对发达国家金融市场发展的认识大有裨益。

让我们打开这本书，再次走近华尔街，端详华尔街。

序 PREFACE

华尔街是个极为复杂的机体

国务院发展研究中心 研究员 吴敬琏

以华尔街为代表的资本市场，是现代市场经济体系的核心架构。它的一举一动、一起一落，都对这一体系中各个国家的经济发展和每一个人的生活产生重要的影响。因此，研究和了解它的特点和规律，就成为试图掌握自己命运的人们必做的功课。

然而，华尔街却是一个极为复杂的机体，要把它看清楚和说明白，并不是一件容易的事情。华尔街证券市场建立200年来，对它进行报道、评论、称颂和抨击的文章乃至影视作品可谓车载斗量，但是它们对华尔街的评价言人人殊、莫衷一是：有人把它称为金融的神殿，美国和世界经济发展的驱动机；也有人说，华尔街乃是金融罪恶的渊薮，制造了历次金融危机。

实际上，这两种极端的观点大概都各有一偏，或者说，他们都看到了，但只看到了事物的一个方面。从好的方面说，资本市场对资本这一关键性的资源在世界范围内的有效配置起了决定性作用，推动了200年来全球经济的迅速发展，这是任何人都无法否定的。所以公司制度刚刚在19世纪40年代确立，资本主义无情批判者马克思就在他的《资本论》第1卷(1867年)中，对这种资本组织在足以改变世界面貌的铁路网建设中的作用作了高度评价。他写道："假如必须等待积累去使某些单个资本增长到能够修建铁路的程度，那么恐怕直到今天世界上还没有铁路。但是，集中通过股份公司转瞬之间就把这件事完成了。”从坏的方面说，恐怕也无人能够否认，奥利弗·斯通执导的名片《华尔街 I》和《华尔街 II》中对“贪婪是好的”，贪婪信条的愤怒抨击和“投机是万恶之源”的论断，切中了华尔街的要害。

华尔街的这种“多面性”，其实来自人性的“多面性”。这就是说，绝大多数人既是天使，又是魔鬼；既追求自利，又具有同情他人之心。如果这种情况无法改变，那么，现实的做法，就只能是像亚当·斯密所主张的那样，一方面发挥市场经济这只“看不见的手”的作用，引导追求自利的人们去增加他人的福利，另一方面努力提高人们的道德情操，自觉地为社会服务。

也正是基于这个道理，社会主义各国的大多数经济学家在经过数十年的曲折的探索之后，最终选择了市场经济的制度目标。他们仿效温斯顿·丘吉尔评论民主制度的著名讲演的句式，对市场经济制度作出了这样的评价：“没有人断言市场经济是完美无缺和无所不能的。应当说，市场经济是一种不好的经济形式。但是如果同迄今为止人类已经试用过的其他一切经济形式相比较的话，它是最不坏的一种。”

资本市场作为市场这种“不好的经济制度”的一种，自然存在许多缺陷和漏洞。特别是当怀有贪婪野心的人们利用它的信息不对称缺陷上下其手，就会对投资者的利益造成严重损害，甚至触发或大或小的经济危机。

面对这种情势，我们能做的，显然不是关闭华尔街，抛弃资本市场这一有用的工具，去寻找某种不可能存在的至善乌托邦，而是设法存利去弊，发挥它有效配置资本资源的建设性作用，抑制它扰乱经济运行，引致经济危机的破坏作用。200 年来，华尔街内外为此做了很多努力，采取过不少措施，包括：交易所会员券商的集体自律，改善证券市场的信息披露制度，加强司法和行政机构的执法和监管，支持和鼓励大众传媒的揭黑行动，等等。总体来说，这些措施产生了效果。但是，人性的两重性和资本市场的两重性是永恒存在的，资本市场的问题也不可能一劳永逸地解决。旧的问题解决了，新的问题还会产生。这就需要整个社会为完善资本市场继续进行不断的探索和坚忍不拔的努力。

为了提高这种努力的成效，需要对资本市场的运作机制和问题所在有一个基本的了解。掌握当今世界最重要的资本市场华尔街的历史和现状，剖析它的问题的来由，无疑是了解当代资本市场的有效办法。现在，中央电视台精心制作了十集纪录片《华尔街》和这本同名图书。这部纪录片力求客观全面地介绍华尔街的情况和各方面对它的分析和评论，无疑能为我们透彻了解华尔街提供很大的帮助。

wall street 2

华尔街II

目录

CONTENTS

上篇：打开国际视野

下篇：倾听中国声音

wall street 2

华尔街II

上卷：打开国际视野

耶鲁大学经济学教授

罗伯特·席勒

我们要从破灭的泡沫中不断学习

他是中国人最熟悉最享有盛名的经济学家之一

他是耶鲁大学经济学教授

他还是宏观证券研究有限公司的创始人

他的著作《非理性繁荣》被译成多种语言在全世界范围内传播

他直言股票市场是不稳定的

他就是罗伯特·席勒

泡沫的反思

在这场泡沫发生的时候，只有少数人提出了警示，我是其中一个，可当时没有人听。事情总是这样，一个泡沫的产生就是因为没有人认识到这是个泡沫。我们要理解这类错误中含有的人为因素，虽然未来依然无法避免泡沫，我们要主动承认这种泡沫还会发生，从而降低这类事件的发生和严重程度。

会产生这个泡沫是因为有一条经济理论作用过于显著——有效市场论。在这条理论中，市场经济运作得非常好，好到市场价格貌似比任何人都聪明。例如，在股市或者房地产市场中，市场价格代表了所有人的集体智慧。大家的信任让这条理论被执行得太过了，以至于人们开始怀疑自己的判断，他们会觉得“虽然我觉得不合理，但市场这么繁荣，一定是有它的原因的”。目前这个历史阶段，我们被一条有缺陷的经济理论误导了。但我们已经开始从这条理论中慢慢明白过来，将来应该不会发生像我们刚刚经历过的那样糟的事情了。

导致这场金融危机的泡沫，反映出我们在金融想法上的一些错误。“非理性繁荣”这个词并不意味着精神错乱，而是代表着某些未经仔细思考的东西让我们过于兴奋了，我认为这就是造成这次危机的原因。“非理性繁荣”是个非常妙的形容词，有人用过更极端的词语来形容，叫“投机狂欢盛宴”

或“投机躁狂症”。我觉得“非理性繁荣”是很好的称法，因为你要认识到人性本质中有脆弱的一面，我们每个人都可能被引入歧途，我们以假设开始，然后没有测试这些假设就跟着继续进行下去，那就是我们犯的错误。我们通常认识不到人们需要更自主地思考，认识不到我们的领导者也不知道该怎么做。也许这是人性中明显的一点，但那些让我们投机的想法，那些每天你我都可能会有的自然想法，就是非理性繁荣。但我想我们能尝试去重新设计我们的金融市场以及监管规则，去尽量降低发生这种事情的概率，虽然我们永远不可能完全去除，但可以尽量降低，我们的经济就能继续前进了。

美国纽约城市外景

监管的失败

我认为金融创新是一股为未来增益的强大力量，与工程、医学创新一样，具有真正的潜力。从事金融业的人能赚很多钱的原因，就在于他们在发展强大而重要的技术。但我们也经历着成长的痛苦，我们也需要监管，就像我们对药物严格监管一样。人们不能卖假药，因为药要有效或者至少让人相信它有效，对于金融来说也一样。现在所发生的有一部分是因为管控的失败，一部分是因为我们运用了错误的理论，还有一部分是因为我们对于需要更仔细监测的东西太过信任了。

管理者不相信自己的判断，他们认为市场就是智囊权威、是规则，它会告诉我们事实的真相，所以管理者就迟疑该不该插手。问题真正的根本在于，我们太过信任市场。并不是说我们不该努力尝试市场经济、市场解决方案，但我们必须知道市场和个人一样也受到同样的人为错误的支配，所以我们必须进行判断，也需要管理者判断市场上发生了什么。

现代金融理论是一项美妙的发明

人们把每次经济危机都刻在记忆中，但有时候这些都变成了书本上的文字。大萧条时代已经是很久以前的事了，我们一直以为同一批人不会再犯同样的错误。但我们不久前才发现，犯错误的仍然是这一批人。

我们在金融理论方面有了很大的进步，这是可坚持的理论，人们在某些方面变得越来越聪明，但是别的行业一样也会犯错。例如，核能，这是一个杰出的科技，但我们仍然可能会犯错，让我们的计划毁于一旦。金融也一样，它很强大，但任何强大的东西都是危险的，需要正确地操控，要有管理者仔细检查并确保人们没做莽撞的事。

我认为现代金融理论是一项美妙的发明，数理金融像数学物理一样成了先进领域，但我觉得这些人在定义自制力方面忘记了人为因素，他们忘了普通人有时候守规矩，有时候不守规矩。任何需要人为努力的领域，都需要小心注意，那才是我们对待金融应该采取的方式。

美国国会大楼

我们该去喜欢金融界的人吗

有些人在金融方面做了不正当的事，例如伯纳德·麦道夫，也许他做过想要挽回错误的努力，也许他只是施展骗术的人其中之一，但这个人诈骗了人们数十亿美元。问题在于什么样的人算是典型？我们该去喜欢金融界的人吗？我们该把他们当作是为社会作出贡献的人吗？金融界的人和别人没有区别，看到钱就捡起来。另一方面，这个业界也有很多的好人。如

美国纽交所

果你创造一个人们没有机会不诚实的环境，那大多数人都会表现得诚实，也不太贪婪，你不能去设定一个太过诱人犯错的环境，所以我们需要监管。

安然公司、麦道夫、贝尔斯登，他们不是极好或极坏，而是居于中间。我想人们知道自由市场可以创造繁荣，中国现在就在这么做，我想中国人一刻也没想过要返回以前的做法。市场具有强大的分配资源的能力，但同时它在面对暴跌时也很脆弱。我们需要解决很多问题，然后继续向前走，那意味着更加金融化的经济，更加彻底的金融。

我不赞同“金融界的人都是坏人”这种说法，他们只是想赚钱。金融世界有各式各样的人，他们和其他人一样，很多人都有社会精神，最终把钱捐给基金会或者慈善机构。我们解决问题所需的专家很多出自他们，在政府中干了一辈子的人不了解金融市场，那对于他们是一个很困难的领域。所以我们需要依靠这些人去创造一个更美好的世界。

从大萧条中学习

罗斯福总统是一个非常勇敢的人，愿意尝试一些不同的东西，而且他的后援力量很强。1933 年罗斯福当选总统时，人们情绪低落，经济危机十分严重，银行系统关闭，失业率高达 25%，而他有做重大改变的能力。其中一个改变就是成立证券交易委员会，那是一个强大的管理机构。那时候的商业界不喜欢监管者，但他强制执行，结果证实这是一剂良药，因为它建立了一个更令人信任的环境。我们的新总统奥巴马做得非常好，但他还没有真正采取行动使金融机构有什么发展，没达到罗斯福总统的速度，我期待着未来他能做到。奥巴马呼吁建立消费者保护机构，那是使金融民主化的一部分，明确了人们可能会在金融交易中使普通民众遭受伤害。

富兰克林·罗斯福

我觉得我们要从大萧条的经验中吸取教训，我不认为守门人就是警察，从某种意义上来说他们的确是警察，但大多数人是想做好人，这是人性中的积极面。所以金融市场的适当管理，一部分在于政府，政府要设立看管、收集信息的机构，检查有可能引起误导的事物。另一部分在于产业本身，产业机构要自

大萧条时期的华尔街

己监督自己。大多数人是想诚实地做买卖，他们也不想有人在产业中做错误的事，所以就算没有政府，他们也可以设定行为准则和质量标准。

事情会重复发生是因为人性。自由市场经济的整体意义在于人类是积极竞争的生物，历史上人类互相杀戮了几千年，但意义在于我们可以利用其中一些力量去做有建设意义的事，通过设定规则，允许人们去建立他们的王国，但那是生意王国，而不是军队战争。人类要考虑到迫切需要发展的大背景，把这些力量转变成生产力。

我们要把金融市场化，为人民服务，我们要做的就是保护人们不受到这些暴跌的伤害，我们需要保护人民的金融系统。这次危机中的很多问题在于人们听了错误的建议，孤注一掷地将他们所有的积蓄都投在了房子上。我们需要信息基础设施，给人们金融交易提供帮助，让他们不再犯这种错误，也许我们还会有泡沫，但不会给人们带来这么大的痛苦后果。

不公平的薪资制度

经济不平等是个令人担忧的问题。当你看到有人赚了很多的财富，就会生起愤怒和不公平感，而那种不公平感可能损害到经济。现在有些公司执行总裁的薪酬制度会鼓励他们采取过高风险的不正当行为，尤其是当公司会得到政府的补偿时，政府的职责参与到了这些问题中。我觉得，政府给高管补偿的参与行为是方案中的一小部分，应该算是出于政治动机。有些人的工资极高，人们为此感到很生气，很多国家的政府都追着这些最让人民生气的事情后面跑，但这解决不了上亿人之间经济不平等的问题。只盯着高管薪水不是办法，政府应该出台一些不平等保险方案来预防不平等日益加剧，这才是一个金融解决的办法。

我觉得可能随着时间的推移，金融薪资会自己降下来。有年轻人问我，我该不该进入金融业？我表示赞同，这是一个美妙的领域，但就算政府不参与限制他们的薪水，也不要想着能像之前那些人赚那么多钱。我觉得我们在经济方面经历了一场令人惊喜的成长，但我不认为这会继续下去，竞争会淘汰不合格的金融业者。越来越多的年轻人、聪明人进入金融领域，他们互相竞争，这会将薪水拉下来，所以我们不要对这些高薪水、分红有过激的反应。

人类进步的大飞跃——金融业

21 世纪的前半段，会被看作是一次人类进步的大飞跃，出现了新发现、创造了新艺术，是一个又美好又让人激动的时代，因为这不是一个邪恶或者有大战争的年代。对我来说，金融就像是这个系统的命脉。

金融业帮助人们做很多事情。你很难集合一大群人做些有建设性的事情，你要先想出来能怎么奖赏他们。有些人可能会不满意，你想要让他们觉得这是公平交易，有的人你可能要有激励方案，你还要有保护措施，因为经济进程的一部分就是承担风险，任何刚刚起步的企业都有完全失败的可能。所以管理这些的人就要有计划，让每个人都不受到伤害，就算失败了也还有机会。所以有金融专业人士去管理这些会好一些。

商业信心是一种社会传染病

是什么在驱动经济？这一直是一个谜。为什么经济会有繁荣期和低迷期？我认为大多数经济学家并不是真的理解。所以人们没有及时预测到这次经济危机。我认为这是一种欢快的情绪导致的，虽然并不是每个人都带有这种情绪，但总体来说我们过于乐观。当经济出现低迷时，人们又开始过于悲观，这就是世界经济的驱动力之一。全世界都洋溢着这种乐观，而不是单一国家——因为我们相互交流十分频繁。随着现代通信技术的发展，我们有互联网、电视、广播和报纸，而记者将新闻故事翻译成其他文字并广泛传播。

经济繁荣时代，一个国家的激动之情会感染另一个国家。当我去外国旅行时，会玩这样一个游戏：我会让出租车司机给我讲讲房地产业的行情。几年之前，几乎每个国家的出租车司机都会告诉我房价非常高。我可以感觉到，这只是同一个被传播到不同国家的故事而已。

我们正在学习的东西，被称做“商业信心”。它随时间变化，自从次贷危机以来，已经有了长足发展，但还是很脆弱，会不断波动。商业信心是一种社会传染病，就像甲型 H1N1 流感病毒一样会在全球传播。而人们会纳闷：这怎么会影响到每个国家呢？病毒会在人群中传播，信心也一样，积极的心态会在人群中传播，遍布全球，反之亦然。

华尔街第一夫人

缪丽尔·希伯特

我的一切从华尔街开始

她出入美国政府和华尔街

她是美国第一个拥有华尔街席位的女交易员

她年轻时来过中国与宋庆龄有过一面之缘

她在男人拥有绝对优势的金融界开辟了自己的天地

她的一切从华尔街开始

我的童年

我在美国中西部的俄亥俄州克利夫兰长大。虽然我的父亲有一个工程学位，但是他没有从事建筑业，只是在战争的时候偶尔做些建筑工作，后来他成了一名牙医。在大萧条期间，建筑工作的报酬不高，我们一家过得不是很富裕，但也不艰难。对那段时间，我的记忆不深。

我的叔叔在经济危机中损失惨重，他本来有一家生产咖啡机的公司，但大萧条使他失去了这家公司。于是他开了一家加油站，加油站生意越来越好，我的叔叔后来用加油站的收益买回了咖啡机公司，那简直就是奇迹。我永远不会忘记我的叔叔给汽车加油的情景，这是我最早对于资本的启蒙。

因为父亲病逝，我无法承受这种伤痛，就从美国凯西储大学退学了。

走进华尔街

我的姐姐当时在纽约生活，我去投奔她。其实之前我在念书的假期里就去过纽约，也去了华尔街、证券交易所。当我登上那个建筑的阳台，一览证交所的全局时，我就对自己说，如果我还能来纽约，就在华尔街找份工作。不过，在纽约我第一个工作申请是去联合国。但我没有满足联合国那份工作的要求，所以没有得到这个职位。我很庆幸自己没有在联合国工作，因为我不能流利地讲两种语言。于是我决定去华尔街工作，一家叫培基的公司录用了我，也就是现在的美国培基证券。

我有一种与生俱来的天赋，那就是我可以分析数据。当时培基公司正在拓展它的研究部门，我在那里接受培训。

当时公司的情形和今天相似，经济情况好的时候，他们拓展研究部门；不景气时，他们就裁减研究部门。我求职时，他们正好要拓展研究部门。那时两个分析师可以带一个受训人员在股市进行交易。很多人都是来自航空公司、铁路系统、公共汽车公司、航运公司等。根据分析师的要求，我分析化学、制药工业、广播、电视和电影公司，我给这些行业制作资产负债表。

虽然那时我的职位很低，但是我敢于提出建议。当时的金融界对女性很歧视，我的收入只是其他男性员工收入的一半多一点。这让我很难接受，所以后来我就去了谢尔德斯公司。

但改变我生活的却是麦迪逊基金，它是一家开放式基金。我刚到新公

华尔街第一夫人 缪丽尔·希伯特

司的第一天，他们打电话给我，说他们根据我的报告投资赚了钱。这个时候我还不是公司的分析员，所以我只能拿到一半的佣金。这是我第一次成功。

虽然我在大学里学的并不是会计，但当我一看到会计数据，那些数字就仿佛活过来一样。在我从事证券分析师的工作时，我发展了很多核算机制，我对不同的行业进行研究，这些研究使我在这一行保持领先地位。

我也可以跟男性平起平坐

后来，华尔街一家大公司的负责人邀请我成为他们公司的合伙人，承诺我可以拿到40%的佣金。这家公司的高级合伙人是一个知道如何交易股票的行家，所以我接受了这个邀请。在交易部里工作你必须要迅速地思考，你不能看过研究报告再作出交易决定。当你犹豫是否要拿下交易的时候，

“她想要申请成为拥有华尔街席位的第一个女性”
《纽约时报》

可能价格早就不一样了，一定要果断。

当时，我有一个客户叫杰米，他是个传奇人物，是个中国人，靠着白手起家创办了华盛顿共同基金。他让我要有自信,鼓励我去开办自己的公司。在杰米提醒我之前，我从没有想过我也能开公司，我要赌一把，这是我选择的机会，即使失败了，也不会对我的声誉造成影响。我研究了华尔街的各种条例，发现我的情况完全可以自己开公司，虽然会有很多的困难，但我也想要试试看。因为之前并没有女性进入这行，所以我就不得不跟银行贷款，但申请的过程并不顺利。当时我还上了《纽约时报》的头版，“她想要申请成为拥有华尔街席位的第一个女性”。

我终于在 1967 年 12 月 28 日拿到了华尔街的席位，成立了自己的公司。

转机

我又雇用了两名分析师，更换了办公地点。直到 1975 年，美国政府对《证券法》进行了修订。我意识到这会对我的公司造成重大影响，于是缩小了公司规模，决定进军贴现市场。1975 年 5 月 1 日颁布法案，经纪人可以拥有贴现佣金。所以，我登上了 5 月 2 日《华尔街日报》的头版，其他公司也同时进入了贴现市场。当时有条规定就是，交易股票价值超过 30 万美元的贴现率由证交所决定，他们同时也决定我们的贴现费用。如果价格高于或低于 25% 就属于大宗的生意，需要现场与人商谈并达成协议，我常常跑到交易大厅去现场交易。

第一个月的经营报告出来之后，我发现我的收入下滑了 15%，我那阵儿忙得连去洗手间的时间都没有。

直到 1976 年年初，州长克里打电话给我，他说他对社会地位高的女性作出了承诺。“我希望有一位女性进入银行管理层，你是唯一的人选。”我无法拒绝他的邀请。但因为我的母亲在 1976 年去世了，我觉得自己无法承担新的工作。所以，直到 1977 年我才答应了他。我离开了华尔街。

把中国银行带入华尔街，我和宋庆龄

20 世纪 70 年代，对我来说很有挑战性，那时候的通胀率是两位数，很多第三世界的小银行想要在纽约开设分行。在纽约有两种开设分行的方式：第一种是依照纽约州法律；第二种是依照联邦法律。对我来说，依照纽约州法帮助他们开设分行是很容易的。

当时，中国银行找到了我，他们想要成立中国银行纽约分行。如果一家英国银行想在美国开分行，那是很容易的，因为美国银行在英国已经设有分行。但是中国银行的情况不一样，他们在这开设分行确实很困难。分行是具有完全运作能力的银行,但是中国不希望美国在中国开设分行。因此，中国银行在美国开设的只能是机构类型的公司，它由机构资金和国家资金出资，不能面向公众。它的客户只能是专业公司，它可以向机构、专业人士提供贷款，但是不能为普通人开设支票账户。

中国银行那时可以在美国设立特别办公室，办公室可以与任何人做生意，包括普通人在内。它可以代表银行进行贷款业务，不过它也是受限的。当时，中国银行邀请我到中国去，我是通过旅行社安排到中国的。我先到中国香港，之后再进入中国内地。我在那里见到了宋庆龄女士，她当时躺在家里的床上，旁边还配着氧气瓶，很虚弱，她是一位让人佩服的女性。中国银行还为我举行了宴会。之后，中国银行在纽约开了分行，依照的是联邦法。对此，他们对我表示歉意。

他们说依照联邦法开设分行比较简单。就联邦法和州法律这样不平等的规定，我们所有的州立银行监管人员集体起诉美国联邦政府。

1 BILLBOARD BY
4 NY ARTISTS
BECOMES 1,600 BAGS
BY 1 ANNA SUI
ONLY AT
TARGET.COM/
BILLBOARDBAG
SHARP

美国纽约第五大道

重回华尔街

处理完美国20世纪70年代的经济危机之后我回到了华尔街，回到了我自己的公司，因为法律规定，我在担任政府监管者期间是不能回公司的。在我任职期间，我发现处理银行问题的人并不懂得这一行，他们是从各个州选举上来的，只知道自己本州的情况，完全不了解华尔街和银行业。

他们天天都在进行资本运作，但是他们不了解资本参与其中的方式。参与到金融运作中的人必须了解华尔街运行的方式，保证其公正透明。

20世纪70年代金融业还没有全球化。但现在中国和其他国家的增长方式，代表的是未来。就当前金融危机发展的速度来看，我认为金融和经济已经完成了全球化。每个国家都有自己的位置，但是他们都受到了次级债的影响。在我看来，我们应该构建证券和银行的全球监管体系，避免再次发生危机。

金融危机给人们的生活带来了重大的打击。我们没有处理好次债的问题，我们应该加强对其的监管。英国、法国、德国、日本和其他国家都没有这么做，我们需要进行国际间的合作。

对冲基金在纽约凑不到足够的钱，就到伦敦去凑，他们在纽交所交易股票，却不受我们的监管。美国和中国互相购买对方的股票，世界经济是联系在一起的，而且这个联系还会进一步加强。从全球的利益出发，我们应该制定保护法。在伦敦，人们要求放松监管，他们认为正是监管导致了损失。

金融全球化使得在危机面前每个国家都不能幸免。

年轻人的理财课

我觉得所有的年轻人都应该学习必要的金融和理财知识，这会对以后的生活有很大的好处。一些十七八岁的年轻人，似乎都作好了破产的准备。他们无限制地使用信用卡，经常透支，然后再去办一张，又超过限额。到头来他们发现自己已经无法偿还贷款了，还不好意思向父母寻求帮助。

我以前作过研究，发现学校里都没有理财这门课，年轻人对理财一无所知。十年前，我在纽约提出要在学校里开设理财课的建议，我成立了游说团，从各个方面去推进这个建议的实施。现在，全纽约有 109 所高中开设了这门课程，教授学生基本的金融知识。其中有四五十所学校用西班牙语教授知识，其他的州也在考虑实施这个做法。

我觉得金融理财课是十分重要的课程，因为现在的金融产品变得越来越复杂。其他国家也有很多人都缺乏金融知识，金融的信用政策过于宽松，但是人们的知识没有跟上，就让很多公司和银行靠这个挣了不少的钱。

其实这是不公平的，办理信用卡的人不知道这一点，他们以为自己能过上好日子，把明天的钱拿到今天来花。他们不知道自己很有可能偿还不了贷款，也不知道由此产生的巨额利息。于是，我又设立了一门课程，教学生有关信用卡的知识、所得税的回报、贷款买车和现金买车的区别……一共 21 课，学生应该了解的所有基本知识都包括在内了。

美国各州都在进行立法，规定不得给 18 岁以下的人办理信用卡，除非有其父母的支持或者能够提供证明，证明其有独立的经济来源。如果我们在全球设立这样的监管程序，那所有的国家都可以受益。

华尔街代表着美国的金钱中心，可这不是实实在在的钱，而是就整个金融行业来说，是这个行业的中心。我认为是华尔街的金融运作推动了美国经济的发展，我希望它也能推动全球经济的发展。比尔·盖茨在股市中发家，微软创造了数以百万计的就业机会，对其他的行业也有很多的贡献；

那些拯救人们生命的药物，也凝聚了华尔街的力量；银行里的一个小小的金融模型，就可以启迪未来的发展。这些都意味着我们的生活可以更美好，更丰富多彩。华尔街成就了这一切。

可很抱歉的是，我们没有进行适当地监管，很多人都受到了危机的冲击，失去了房屋，失去了一生的积蓄。因为他们之前没有接受过类似的金融知识教育，这就是为什么我致力于在学校开展个人金融教育项目。

我的辉煌

美国是个宽松的国家。我最大的成就就是成为华尔街第一位女性。当时我提交了竞选卡，我办公室里的所有人签名支持我，我用了 44.5 万美元买了这个席位，虽然花了很多钱，但是我非常骄傲。

后来我成为了银行业的监管人员，那时我是办公室里唯一的女性。在那一行里的大部分时间，整个系统的组成就是 13065 个男人和我。这个比例是很惊人的，现在的华尔街中有了很多的女性，她们活跃于各个角落，我很开心。

1972 年，我拥有美国第一辆梅赛德斯 350 汽车，当时排队购买要排两年。我跟一个朋友说：你可以问问梅赛德斯老大，美国的第一辆梅赛德斯 350 可以给华尔街的第一位女性成员吗？几天后，我接到了梅赛德斯老大的电话，我得到了美国第一辆梅赛德斯 350，我很为那辆车骄傲。

我的人生很传奇，有许多值得回忆的地方，直到今天我仍然为当时鼓起勇气成为华尔街第一位女性而骄傲。

时任美国《财富》杂志编辑

贝萨尼·麦克林

安然改变了我的生活

她曾是个美国明尼苏达州的小女孩

她拥有感性和理性的双重思维

她曾是高盛的投资银行家

她曾是《财富》杂志的专栏作家

她深入研究安然公司 她挖出了藏在深层的隐患

她给美国的金融界带来新的力量

天然气公司出现

天然气价格的管理放开，使一大批公司涌现出来，这些公司都想从天然气贸易中赢利。天然气曾经都是国家制定固定价格，而现在天然气价格有了新的机制，他们就要找出新的交易方式，找出新的方法来确保依然在天然气领域赢利。这为这些新一代的公司打开了新的窗口。

安然曾经是个传统的天然气公司，有属于他们自己的天然气管道，在美国本土逐步发展。后来在肯尼斯·莱的领导下，它转型成为一家天然气贸易公司。

天然气的价格改革融合了一系列复杂的因素，主要是人们觉得曾经的天然气政策不再适用了，天然气的价格一度飞涨。如果为天然气创造一个自由市场，就会更好地控制天然气的价格，比政府直接定价要更有效，也许最终能让天然气成本降低。

后来又建立了天然气银行，出发点是与其只有一个统一的天然气价格，还不如根据不同人需求的天然气成分不同而制定不同的价格。这就像是卖牛肉的时候你将牛分割成不同部分，而人们购买的时候会各买所需。天然气以指定的价格运送到指定的地区，而不是不论什么情况都付同样的钱。打个比喻来说，就是吃牛肉不用把整头牛都买下来。

在最近几十年里，从美国政府撤销了对天然气的管理之后，我们都认为合理价格就是市场价格，因为市场对于定价来说是最有效的。但我觉得最近美国的金融危机让我们开始反省，自由市场定价给我们带来了一些疑问。

安然公司是最富创造性的公司

美国纽约

我经常开玩笑说安然公司的确是最富创造性的公司，只是你不知道它怎么有创造性。回过头去看安然公司，批判它各方面的错误很容易，但你要承认它确实是个极不寻常的公司。它推出了新的天然气、电力交易方式，开拓了市场上以前没有的东西。公司内部也有很多十分聪明的人在努力创造新的做事方法。我觉得这个公司的问题可能跟合理价格制定和天然气市场的问题相关，最大的问题在于他们想在那些新想法真正产生利润之前，就证明新想法能够创造利润，他们想取悦华尔街以及投资者，保持股价高位运行。也许有的想法可能过一段时间真的可以创造高利润，但他们却提前针对那些想法作出各种形式的操控，而不去等待真正赢利。

安然公司创建了宽带市场，但与其坐等这个主意产生利润，他们更想立刻就见到利润。所以他们用手段操控他们的财务报表，让一个还没有赢利的项目显示出已经赢利了。这就是安然公司的核心问题，而且我觉得这也是整个美国问题的一部分，体现在公司总是努力去取悦证券交易市场，取悦他们的股东，他们竭尽所能地以长期经营为代价去展现短期利润。因此我们的市场方向变成了短期利益，而不是长期利润，这两点是非常不同的。

美国摩立特集团首席执行官乔·富勒

安然公司的那些管理者

安然公司的管理者是非常有意思的人，从创业的角度上来说，他们是美国最优秀的。

安然创始人肯尼斯·莱白手起家，小时候做点农活，父亲是个传教士，所以他是通过自己的努力才走到美国商业的顶端。人们常开玩笑说肯尼斯·莱长得像一个美国的卡通人物。他长得像老祖父那样慈祥，白头发，个头不高，很有魅力，典型的得克萨斯型人物，比斯基林看起来柔和很多。

每个人都认为前首席执行官杰弗里·斯基林聪明绝顶。他能够深入浅出地将一个很复杂的问题转化为非常简单易懂的说法，让每个人都能理解。

他也是个白手起家的人。他出身贫寒，在中西部地区长大，勤工俭学读完了哈佛商学院。他是一个从社会底层奋斗起家的典型。就很多方面来说，他非常令人敬佩，拥有非常典型的美国式成功——从一无所有到人人敬仰，运用自己的聪明才智从无到有。但他同样也有一个缺点，这是我们很多人都有的，那就是不愿意承认自己的失败。他需要用这个亲手建立起来的公司来证明他自己。对他来说，承认安然的失败就是承认他自己的失败。所以对于公司的问题和安然没有按照预期的那样发展，他选择了隐瞒，假装这些问题不存在。我觉得斯基林是个有创造欲望的人，他渴望将一个沉闷的产业转变成一个现代化的产业，而他做到了。我想他的失败在于他无法向华尔街、向投资者说“这个现在不行，但以后慢慢会好的”。他想向大家证明现在一切就很好。

前首席财务官安迪·法斯托和安然这个故事中的其他人一样，也是个复杂的角色。如果简单地说他进行欺诈是为了钱，并不对。他的妻子非常富有，所以他不缺钱。但在美国，钱够不够花是其次，人们都想比自己的邻居更有钱。在安然，大人物都是那些交易人，是他们创造了收益。作为首席财务官，你只是管理而不能创造这些收益。他觉得自己的工资太低，应该得到更多,他觉得自己的薪水应该和这些签订单的交易人一样。所以，他找到了一个生财之道。我觉得在某种程度上，他是个替罪羊。人们说，安然原来是个好公司，是首席财务官造成了它的垮台，但事实并非如此。安迪确实参与了诈骗，也为此进了监狱，但他只是帮助安然造假账的一群人中的一个。所以安迪不是造成安然破产的元凶，这个公司原本就根基不稳，首席财务官和其他人一起造假账只是加速了它的灭亡。

我所知道的安然欺诈真相

所有人都想知道安然欺诈的真相，而安然事件中让我觉得最可怕的是，幕后黑手不是某个人而是整个系统，这个系统不是单一的。安然事件的发生和每个人都有关联，他们都是案件的一部分，换句话说，为了制造赢利的假象，安然公司中的其他人也在玩这个游戏。安然的会计师事务所出示了一份财务报表，让投资者相信那些数据是真实的；安然的董事局没有充分参与进来尽到应尽的职责；信用评估机构也没有对他们该问的问题提出疑问；华尔街的股票分析师也没有尽责，反而这些年一直给安然公司提供资金；让安然看起来很美好的银行家们，也一直只为了自己的收益而继续支持安然。尽管这些人逃过了很多刑法责罚，但他们都是造成安然欺诈案的一部分。

欺诈案会发生通常都有很多复杂的原因。我认为安达信公司没有想到安然公司会破产，他们会被安然公司的丑闻毁掉，如果他们知道就不会那么做了。关于安然的审计，有一个著名的"狗和鸭"故事。你有一只狗和一只鸭子，你说："好吧，怎么把这只狗变成鸭子呢？"首先你要把它染成白色，画上黄色的喙和鸭蹼，然后你对会计师说："你看，它符合了鸭子的所有标准。"不管谁看都会说，那还是一条狗啊。但会计师会说，那就是一只鸭子，它符合所有鸭子的标准。这就是安达信在安然事件上的做法，他们知道安然公司是个危险的公司，他们知道那个公司在打会计准则的擦边球，但他们自我安慰说他们还在按照规章做事，尽管安然已经完全违反了那些规章的本质。

规章总是会遇到问题，聪明的公司会利用那些法律规章取巧，所以你不能只遵守法律，而是要遵守法律的本质。如果你不按照后者做，那就会出现很大的漏洞。

安然破产之后，我的生活

安然彻底破产之后，每个人都在说为什么没人警告我们，为什么没人告诉我们这样是不对的。当他们回顾我以前的文章时说，"噢，原来有人做过"。所以这在某种程度上让我变成了英雄，类似那种人生难得的机遇让人们对你承认比你应得的还多。实际上我的文章上并没有写安然在欺诈或者要破产了，我只是写了这其中不合理、有蹊跷。所以这件事对我的个人职业生涯有很大影响，而我不知道我是否值得拥有那种影响。

我觉得理智和诚实同样重要。当你去采访时，不是根据提纲办事而是要知道真相，你的文章应该是在知道真相后组成的，而不是知道真相之前。还有如果你觉得你提前就知道故事是怎样的，那是错误的想法，那会扰乱你看事情的方向，因为你会忽视不符合你看法的说辞。也就是说如果你认为这是个坏公司，但你听到的话让你觉得它是个好公司，那你就要作好接

时任美国《财富》杂志编辑 贝萨尼·麦克林

受的准备，尽管你可能丢失了一个精彩的故事，你还是要公正。要了解商业，对数字就不能存有恐惧。美国有很多人都认为数字很复杂。商业中没有很特别的数学，你不用什么都知道，但你要愿意去查出来是怎么运作的。

在美国如果是公开招股公司，那你能找到大量财务报表。也许会有记

者对公司进行过报道，你也许并不认同那些评论，但你可以和他们谈谈，你也可以试着和公司的竞争对手谈谈，这样你可以听听他们是怎么想的，你也可以尝试着找到以前的雇员，尤其是已经离开公司的高级管理人员，也许他们有自己的看法，也可以和公司直接谈，听听他们的看法，想想他们的看法是否合理，他们对别人的看法如何看待。不管你要写什么东西都要尽可能地获得各种你能得到的信息。

美国著名投资家沃伦·巴菲特说过，你不可能靠询问征求意见就懂得华尔街，没有局外人能懂。他说得很对。如果沃伦·巴菲特不懂，那就没人能懂。巴菲特也曾说过，我们根本不可能看懂美国现存的很多大公司的资产负债表。他在经济危机前常常这么说，但这也说明，作为一名记者，无论事前作了多少准备，最终都只能面临这样一个问题：你相不相信这家公司的管理？虽然你可能很善于看透一个人，但你还是没法亲自验证报表上的数字是不是真的。

国际货币基金组织历史学家

约翰·利普斯基

金融监管，预防危机

他是国际货币基金组织的第一副主席

他是最早向市场警告金融动荡的人

他是在2008年“金融地震”中挽救J.P.摩根银行的神奇人物

他对金融动荡有着神秘的预知能力

国际金融体系中需作出改变

固定汇率，也就是所谓的布雷顿森林体系的美元汇率，被认为是达到那个目标的最有效方式。但结果发现在逐渐发展的全球流动性过程中，出现了一些内在的瑕疵，也就是说，美元作为最主要的储备货币，不得不持续赤字增加美元持有，才能保证全球的流动性。

但是与此同时，美国的长期赤字被看作是美国政策的某种事物的预兆。这个体系在危机的时候崩溃，但是取而代之的是一个比较综合的体系：一些国家使用固定汇率，一些国家使用浮动汇率，具体使用哪种由各个国家自己决定。但是几个关键的可兑换的货币，都在使用浮动汇率，同时允许中央银行根据通货膨胀目标政策采取相应的一些措施。

从这次的金融危机中我们得出的结论是，国际金融体系中可能需要作出三方面的改变。

第一，我们所称的受监管的主体需要有所改变，这样所有重要的机构都能包含在监管体系里面。这个现在还没有形成，这项改变意味着几乎所有国家都要作出改变。

第二，目前为止，金融监管主要集中在个体机构，比如个体银行以及各种金融资产，但是并没有包括宏观审慎。所以说监管体制并没有把金融体系看成一个整体，从总体的高度进行监管，也并没有把国家的经济周期考虑进去。

第三，我们知道针对大规模复杂的跨国运行的金融机构缺少消除机制。如果他们遇到麻烦了，谁来负这个责任呢？所以针对如何处理这样的问题应该有一个提前协议。

我们坚信，通过这些举措，国际金融体系会更高效，加上良好的整体宏观政策、货币预算政策，这个国际体系就能获得更大的稳定性和有效性。

国际货币基金组织的创立

国际货币基金组织的创立是为了保证全球经济的稳定增长，它最突出的贡献就是为国际货币金融关系制定规则。由于越来越多的贸易保护以及

美国纽约街道

支持这种贸易的开放金融市场的瘫痪，造成了大萧条等。显然，大萧条促使了第二次世界大战的发生。

在二战结束后，国际货币基金组织的组织者，创造了这个基金用来保证金融市场的发展，承诺建立开放、无歧视的金融市场，并为国际金融关系达成了一致规则，这是史无前例的。同时，世贸组织在贸易关税方面也达成一致，以防保护主义再次出现。

30 年来有什么变化吗？那些目标仍然是正确的目标。但是国际货币基金组织有了很大的改变。1990 年下半年开始的所谓的真正的全球化，国际货币基金组织的出发点是要成为一个国际性的组织。但是它的许多成员，实质上，其实也就是很多国家，包括中国，在其出发点上并没有与其达成一致。

在 1990 年以后，国际货币基金组织真正地成为了一个国际性组织，全球经济的变化造就了一个全球贸易体系，这是自第一次世界大战以后的首创。国际资本市场的增长也史无前例地造就了一个国际市场。这些变化改变了基金组织的运行方式。

同其他机构一样，国际货币基金组织预防危机的技术和工具需要适应一个高速且全球化的金融贸易。

国际货币基金组织的角色

国际货币基金组织的角色是什么呢?我们不是监管机构,我们不是财务主管,我们是金融稳定委员会的重要成员,是因为我们在金融监管方面有丰富的经验,可以提供意见。

如果国家提出对于标准有异议,我们会进行检查。我们和世界银行合作,进行一个“金融部门评估规划”(FSAP),对于主要经济体的金融体系进行全面的评审。现在一个在美国进行,另一个就在中国进行。

此外,我们不仅要在对成员的经济和金融情况的传统的监督中扮演重要的角色,像我们说过的,基于双边、区域或是多边的。同时,20 国集团在匹斯堡峰会上也已经承诺“协作相互评估程序”。这是一次开创先例的实验性的国际合作的努力,国际货币基金组织将为 20 国以及这个重要的项目提供关键的分析支持。

危机预防的重要方案

对于危机我们采取了许多非常重要的方案,有一些甚至在我看来做得过多了,但是经过多年之后成员们才达成一致,设立基金,承担这样的责任。具体地说,在这样一个高速证券融资的社会,有价证券在人们买卖的过程中跨国流动,可以说,货币流动的速度就像光的速度一样。所以,在危机预防方面,国际货币基金组织需要能够快速准确地作出反应,为投资商提供信心,确保危机不会发生,或者是能够很快排除。

所以在成员的认可之后,2009 年年初我们新增了“灵活信贷额度”,它有预防性,是预先审定的,并且高度灵活。同时,我们还增加了另外一个预防性安排,主要针对的就是那些需要对政策作出调整的国家,换句话说,也就是在将来作出改变的国家，这个预防性安排就是 HAPAS——高预防性安排。我们还对低收入国家危机的状况表示认可，大幅度提高了向低收入国家提供支持的承诺，并且强化了对其的支持。

在成员一致通过后，我们还提出了特别提款权（SDR）并进行大规模重新分配，国际货币基金组织成立了自己的国际储备资产，价值 2.5 亿美元的特别提款权。在管理上，我们也作出了改变，在参与新金融稳定委员会上扮演了很重要的角色，而金融稳定委员会主要负责国际金融监管问题。

我们现在能提供的是以前我们无法完成的。换句话说，这些国家在其现有政策的基础上通过了预审，在没有外部条件限制的情况下，基金可以在预防的层面上使用。这可以被看作是一种保险政策，以防万一。

在 2008 年春天危机最高峰的时候，有三个正在崛起的经济国家已经使用了这种措施，墨西哥、哥伦比亚以及波兰。他们取得了成功，这已达成普遍一致，这通常与四月初在伦敦举行的 20 国集团领导人峰会相联系。

大部分国际投资者把这看作是一个转折点，至少是在金融危机层面。

美国纽约
时代广场

这个新的灵活贷款额度（FCL）的有意受益人是遵循良好政策的大的新兴经济体。

不幸的是，经济创伤最严重的实际上就是我们担心的那些通过自己的政策让自己变得脆弱的经济国家，尤其在东欧地区。一些国家产生了很大的国际收支赤字，主要依靠大规模资本流动。我们警告过，这些政策带动了很大的国内需求，这并不是说这些政策是错误的，但是这使得他们在遇到资本流通突然停止的情况下变得不堪一击。不幸的是，这恰恰就是在许多国家发生的。所以，在一些遭受危机的国家，经济总量大幅下降，非常令人痛心，但是我们已经在尽最大的努力让这些国家的经济重新回到它的轨道上去。第二个受打击很大的领域是正在崛起的亚洲，除中国、印度和印度尼西亚之外。经济总量几乎从顶端跌到谷底。在一些外向型经济国家，大概达到 18%，下跌得很厉害。这显示出发达经济国家需求下滑可能带来的影响。

让人高兴的是，这个情况很快就好转了。但是它产生的影响还是不可忽视的。

有一个微妙之处值得我们期待，基金的目标是为了保证经济全力发展，随着时间发展，我们意识到，在正在崛起的发展中国家和经济发达国家中的人均收入差距正在减小。这意味着，国际货币基金组织的管理体系会自觉地想确立这样一个目标完善自己，那就是当人均收入的差距被限制的时候，基金管理也会变得非常民主。

不可避免的，肯定有些不同的国家会持有不一样的观点。所以需要作出一个决策，而这个决策又能让所有的国家成员接受。我们都知道，不是什么事都可以想怎么样就怎么样，我们有时为了制定有效的政策，为了所有人的更远大的进步就需要妥协。所以让我们所有的成员相信我们作出决定的程序是公平合理的，这一点很重要。成员的投票份额能够精确地反映该成员的经济情况。

过去的 60 年里，从广义上讲是历史上经济发展最快的一个阶段。从 1990 年到今天这段真正全球化的时间里，一些崛起国家的经济发展很快；

同时也是反贫穷政策最有效的时期。现在，我们要继承这些，继续努力，还有很多需要我们去做。

我坚信，如果一个体系公开可靠，依据规则并且没有歧视，我们就很可能继续保持这种进步。现在的挑战即是在危机过后重新让经济恢复到原来增长的轨道。

当然，风险基金只不过是危机预防程序中的一部分，也只是基金的角色之一。不管怎么说，基金是通过宪法、由各成员一致通过的，用条款的说法就是“监督”成员的政策，以确保：一、成员为国际体系实行了自己的义务；二、政策应在最大限度上与支持全球的稳定和增长相一致。

所以我们不仅与各成员有定期的交流，同时还要关注地区和全球问题，看是否能找到更好的政策保证经济发展更平稳。所以，这实际上是政策、规则以一定的形式，比如金融监管体制以及金融支持等积极的效果。

国际货币基金组织历史学家

吉姆·鲍顿

把美元变成金元

他有经济学家的坚实基础和缜密的思维
他对国际货币机制有最卓越的贡献
他是国际货币基金组织和世界银行的创始人
虽然他总是在幕后
但却留在历史最深刻的记忆中

布雷顿森林会议产生的原因

布雷顿森林会议的产生是因为我们经历了20年的经济金融混乱。在第一次世界大战之后，也就是1919年，人们希望能够建立机构推进国家间的合作，但是都失败了。国际联盟有经济部门，却不是很有效。国际金本位制解体，所以每个国家要发展自己关于国家间贸易关系的规则。

这就导致了世界经济的大规模不稳定性，进而也导致了美国20世纪30年代的经济大萧条。所以，当第二次世界大战爆发的时候，只要是对这个有过一点点思考的人都会意识到，一旦这次战争结束后，人们需要找到一个更好的国际合作方式。美国财政部部长亨利·摩根和主要委员亨利·迪克特·怀特说，我们现在就需要作出计划，尽管当时美国刚刚加入二战，也就是1940年12月，他说现在我们就要着手计划在战争结束后要如何跟其他国家合作。

所以亨利·迪克特·怀特花了两年时间准备布雷顿森林会议，很快就有很多人也参加进来，当时的英国财政部也已经开始为他们国家的战后国家关系做计划。英国的领头人是非常著名的世界经济学家，约翰·梅纳德·凯恩斯。所以一边是美国组织一边是英国组织，相互谈判，交换意见。这个过程持续了两年半，在整个二战期间，人们作出了很多努力。所有人的想法是不要让一战后那样灾难性的后果再次发生。

稳定汇率体系的重要性

召开布雷顿森林会议时，美元对黄金的价格是1盎司35美元，其他货币和美元挂钩。美元对黄金的比率成为基准汇率。20世纪50年代至60年代很多国家经济迅速发展，想与美国抗衡，国际贸易也迅速发展，这些国家成为世界舞台的重要力量。日、德两国1952年加入国际货币基金组织，英国也恢复了元气。20世纪60年代的时候，很多国家经济发展，速度各有不同，所以维系这种固定汇率已经行不通了。

国际货币基金组织标志

20世纪70年代末80年代初的时候，这种汇率机制就解体了。美元对黄金的价格是1盎司42美元。所以要建立新的国际协定，实现浮动利率，但是还要维持稳定的金融关系。20世纪70年代的时候，官员在对此进行讨论时说了句很有意思的话：如果没有稳定的汇率，就要有稳定的汇率体系。各国间的汇率是浮动的，但是体系是稳定的，各国是相互合作的。

国际货币基金组织的监管

凯恩斯和怀特各自拿出了想法，建立多边的金融体制，这是前所未有的，也是时代的要求。他俩计划的细节不太一样，但大体上区别不大。他们的动机不同，英国的经济弱得多，但都希望进行国际合作，美国不想统治全球经济，只想要得到经济发展。罗斯福政府经常说：繁荣是不可分的，如果有些国家贫困，终将会影响到富国。帮助贫国致富有利于全球。和平也是不可分的。怀特、摩根和罗斯福预见到经济也是相互依存的，和军事关系一样。

全球贫困的话没有哪个国家可以富裕。布雷顿森林会议的共同目标就是二战结束后实现共同富裕。44 个与会国都有投票权的配额，但额度取决于经济实力。美国最大，英国、法国、中国、印度紧随其后。它们的经济实力排在全球前五，其他国家的投票权比它们的小，但是每个国家都有最小投票权。每个国家最少可以投一票，经济强的可以多投几票。

大家都知道那是唯一实际可行的监管国际货币基金组织的方法，美国出钱最多，否则怀特不可能说服政府投那么多钱，所以这是切实可行的。但随着其他国家实力的增强，这样做已经不合适了，20 世纪 40 年代占主导的国家已经不占主导地位了，但投票权还是很大，所以投票权要重新分配，中国这样发展迅猛国家的投票权要增加，发展缓慢的要减少，达成政治一致很难。二战一结束，让各国讨论如何建立国际贸易就变得容易了。起初世行更重要，国际货币基金组织花了好几年时间影响力才变大，贷款帮助各国战后重建。使世界出现了新的稳定的贸易关系，富国捐钱给穷国重建是布雷顿森林会议很好的遗产。

让美国国会批准《布雷顿森林协定》很难，整整一年时间怀特都和议员会面，在国会委员会面前作证、作报告，力图说服他们批准条约。美国政治中“不参与”的元素很多,因为美国和其他国家在地理位置上都离得很远，和欧亚都远隔重洋，所以说服国会国际协定合乎美国利益很难。但最终成功了，二战劳民伤财，经济被破坏，让大家意识到国际合作的重要性，所以可以就共同的目标达成一致。协定中很多是有利于英国的，虽然凯恩斯没得到所有想要的。国际货币基金组织的头 30 年间英国都是最大的债务国。

布雷顿森林会议没有文字记录，不知道每个会议到底讨论了什么，我们只知道大概的记录，主旨演讲，但是摩根索、怀特和凯恩斯到底说了什

举行布雷顿森林会议的黄金屋

么已经无从所知了。

金色大厅是签署合约的地方，并不大，44 把椅子都摆不下，有个大圆桌和金色的椅子，大家在那签署关于国际货币基金组织和世行的合约条款。开会时招募了附近很多青年，是在新罕布什尔乡村的山区举行的，那里有很多小镇，布雷顿森林是其一，代表和秘书一共 750 人。二战后全球发展，国际贸易是推动经济发展的主要动力，在当时并不明显，大部分人认为如果避免衰退并有固定收入，布雷顿森林会议就是极为成功的。美国和其他国家战后出现了几年的衰退，但之后发展迅猛。

20 世纪 50 年代至 60 年代经济腾飞的原因是建立了多边金融体系，这离不开国际货币基金组织这样的机构的稳定汇率。过去两年显示国际货币基金组织的服务还是必要的，有人认为国际货币基金组织的辉煌已过，很多国家拥有金融实力，中国是其一，外汇储备达到了 1 万亿美元，不需要

国际货币基金组织的帮助，危机显示各国的合作依然十分重要，但很难维系。危机一直会出现，这时就需要国际机构制定、执行规则，帮助需要的国家，国际货币基金组织在 2008 年、2009 年显示出如果全球要应对、度过危机，国际货币基金组织就要继续发挥作用。

布雷顿森林会议的目标

布雷顿森林会议的主要目标就是在美国和英国及后来加入的其他国家之间，一起分享，发展一个机制，如果国家间出现分歧，能够有协商的方式解决，采取可运行的合作方式。当然每个国家都有自己的利益。难处是如何能够让国家的利益和国际合作平衡，没有冲突。

英国伦敦眼

当时的布雷顿森林会议能够行得通是因为，首先，双方的两个领头人都是多边主义者，他们都意识到了国际合作的重要性。英国是约翰·梅纳德·凯恩斯，美国是亨利·迪克特·怀特。他们虽然同时也在追求自己本国的利益，但是他们知道要想得到本国的利益，他们也需要合作，他们的利益在一个很重要的方面上有分歧，英国自从 18 世纪末开始到 20 世纪初，就一直占据经济主导地位，但是经过了经济萧条和世界大战，英国的经济实力大幅下降。

而在英国地位下滑的时候，美国的地位却在上升，因为战争的地区主要是在欧洲和亚洲，而不是在美洲，美国的经济并没有像其他国家一样大幅下滑。所以在二战后期，美国的经济非常强大。英国的态度是能够为战后那些处于弱势的国家提供经济和金融援助，而美国的态度则是发展美国的力量,为全球服务。所以美国希望这个体系能够帮助他们巩固美国的影响，帮助他们在二战后加强国际间的经济联系。

后来布雷顿森林会议发展到有 44 个国家参加。是从核心开始，逐渐向外扩展直到所有的联盟国家都参与进来。所以，在布雷顿森林会议上达成协议的话，所有这些国家就可以直接签字，不需要到各个国家再去游说了。

所以，从计划阶段开始到后来的实行和稳定汇率、稳定的贸易关系，多边的结算和付款等都进行得很顺利，这可以归功于会议的组织。

第一，达成的是稳定汇率，如果没有稳定的汇率，很可能各个国家让自己的货币贬值，从而在国际贸易中获得优势，这在 1930 年左右经常发生。为了避免这种情况的重复出现是继续达成协议的一点，所有在布雷顿森林会议协议上签字的国家都同意，也许不能马上，但是会尽快固定汇率，或者根据美元标准或者是黄金标准来制定。这就是首先要做的：稳定汇率。

第二，需要达成协议的就是多边的结算和付款。这尤其重要，因为在战争期间以及战争以前，国家间制定双边贸易协定的现象越来越多，我向你出售汽车，你向我出售小麦，但是，我们在价格等方面要达成一致。

这种贸易的效率非常低。因为如果我想向你出售一亿美元价值的汽车，我就不得不从你那里买一亿美元价值的小麦，除非等我们把贸易中的细节上都达成协议以后，否则贸易就不能进行。

一旦达成了多边结算以后，我们就不需要固定的贸易关系，公司可以根据自己的需要进行交易。如果国家甲同国家乙交易时顺差，而它又跟其他的国家交易时有逆差，那么所有这些顺差和逆差会达到平衡。所以这种方式在国际贸易中更有效。

第三，成立国际货币基金组织能够帮助国家在多边贸易中保持平衡。比如，第一年美国可能逆差，第二年就可能是顺差，所以，当出现逆差的时候它可以借贷，而在顺差的时候则可以外借。这就像一个银行体系，有一种行之有效的方式解决这些付款。

第四，在二战时被毁坏的经济重建体系。这个内容又影响了另外一个机构，也就是世界银行，官方名字是国际复兴开发银行。这个机构的第一条就是帮助国家重建经济。第二条是在重建工作完成后，帮助贫穷国家发展其经济。让所有这些任务完成是一个非常大的议事日程，对于当时的那些人，他们取得的成就非常了不起。

诺贝尔经济学奖获得者

罗伯特·福格尔

用挑衅的方式解释过去

他出生在纽约

他精通物理和化学

他是1993年诺贝尔经济学奖的获得者

他在多所大学任教 把他的思想精华传递出去

他是美国国立研究所的项目理事

他就是罗伯特·福格尔

铁路不仅带来了交通便利

我在 20 世纪 60 年代的研究主要是技术变化和技术变化给经济增长带来的影响，在 19 世纪，最大的资本投资是铁路，在 19 世纪的最后 25 年，美国四分之一的资本总开支就是在建造铁路方面，这是一个经济发展的驱动力，并且铁路是第一个大的全国性组织，它使得大的经济组织的程序机构诞生。之前，典型的经济组织是一个有 20 至 30 名员工的小公司，但是每个铁路都有上千的员工，所以我们从铁路上学到了很多关于怎样组织大的公司、管理大的公司的经验。

修铁路的资金起初部分是来自政府的，主要是国家和州政府，他们想鼓励私营企业家们在他们的地区修铁路，因为他们认为铁路可以为国家和地区的经济发展作贡献。所以一部分启动资金来源不是铁路债，而是地区和国家的债，并且很多债券都卖到了国外，尤其是英国和西欧的其他地区。

早在 20 世纪初期，美国几乎一半的铁路债权主都是英国个人或者英国公司，所以铁路是一种引诱外资来美国投资的方式，并且把投资容量增加到了国内储蓄以上。铁路证券被认为是很高级的证券，它们被认为是最可靠的，它帮助创造财政交易，给生产和小的服务公司打下了基础，使它们的资本需求能够通过股票交易得到满足。并且我们在许多美国的大城市建立了股票交易所，最大的是纽约股票交易所。

因为铁路，我们从当地市场到了全国市场，然后全国零售公司就产生了，就有了蒙哥马利和西尔斯公司，卖给全国的农民，如果一个农民想要什么，可以从西尔斯的目录上买到。最后，有了全国性连锁公司，它们能以比当地商店较低的价格销售，所以导致了食品业的连锁店出现，大西洋太平洋茶业公司（AMP）变成了全国性的食品联合企业。

第一条铁路是在1829年建设的巴尔的摩到俄亥俄的铁路，长300英里，10年后，我们有3000英里长的铁路，到了1830年，我们有30000英里的铁路，在19世纪末，我们有10万英里的铁路，但是英里数不能代表全部，因为起初我们只有单轨，但是有向两个方向行驶的火车，最大问题是如何不相撞。

政府在金融市场上要扮演小角色

美国遇到许多资本市场的问题，特别是在住房方面。但都是由于政府的强硬干预，也因为国会强压"次贷"这个观点，就是借贷给那些在一般情况下不会被借给贷款的人，造成了次级市场严重聚集。

因为房价上涨，即使是没有足够资金的人也发现他们财产的价值在飞快上涨，所以他们可以用他们的资金收益来投资。但是当泡沫破灭了的时候，没有资源来维持支付抵押贷款的人们就欠债了，于是房利美和房地美这两个帮助资助低价住房的大的政府的或者半政府实体破产了。

政府设定了规章制度，私人企业要在这个范围内运行，这是政府的积极作用，制定并实施规则，惩罚误导公众、隐藏真相、作假报告的商人，这是政府的积极角色，但是当政府想自己经营公司时，性质就不一样了。人们都很尊重国会、议会，但人们不应该嘲笑议员们，认为他们不懂得怎样作计算报告。因为他们毕竟不是商人，他们可以为商业设定规矩，但是他们不会很好地管理生意。

美国铁路

竞争社会的本质

假设你很保守，你正在作一个收益为4%或者5%的投资，当其他公司在冒着风险赢利7% ~ 10%时，这时保守公司的投资者说你们怎么了，为什么你们不把我托付给你的钱放到赚高利息的地方去？这就是在上升趋势中的呼声，但那时到达顶峰，股票开始下跌，他就反过来说你为什么把钱放到风险里面。

肯尼迪有个著名的演说，其中有一句话：胜利有一百个父亲，失败是一个孤儿。这同样适用于金融市场，如果事情进展得好，每个人都会邀功。反之，他们就会伸出指头说这是别人的错误，不是我的。这就是竞争社会的一种本质。

我想收入的增长影响了人们，但是最重要的是对于住房需求的影响是使个人收入高增长的原因，每年都是，所以在美国，收入每30年都会翻倍，这比人口增长比如0.5%来说对需求有更大的影响，所以人口增长是部分原因，但是生育高峰前、中、后的收入增长是更大的影响因素。在很多例子中，当房地产问题最初出现时，人们总想买好几幢房子，这样在市场上升的时候可以，但是下降的时候他们就维持不了了，就卖掉了。

美国作家，保罗·沃伯格的曾孙女

凯瑟琳·韦伯

他是我的骄傲

她以曾祖父为荣

因为他是美联储第一任董事

虽然他是德国犹太移民却在美国大展宏图

他用他的怪异口音征服了美国两代总统

他就是保罗·沃伯格

保罗的孩提时代和青年时代

保罗在汉堡出生并长大成人，他也在那里读书，在十八九岁的时候，保罗到中国和日本旅游，这是他接受教育的一部分。因此，保罗对整个世界都有着极大的好奇心。他是一个思维细致、接受过良好教育的人。

保罗不仅对银行业感兴趣，也对世界历史、世界经济感兴趣。与其他银行家相比，保罗的知识更广泛。他的知识也是整个家庭里最为渊博的。保罗对挣钱并不感兴趣，他更喜欢解决难题，开发系统。他没有把自己的洞察力用于抢占先机挣大钱，而是放在稳定事态、解决问题上。而其他的银行家则希望在混乱的局面中获利。保罗有着公共服务的理念。在不同的环境下，他很可能成为才华洋溢的领导人、政治家、政府官员。后来他确实成为了政府官员。在保罗那一代，家里没有人参加政治竞选。他们认为既是局内人、又是局外人，能够拥有更大的权力。这种人能够拥有权力，却不需要真正参加竞选，履行职责。

法语里有句话："处于上层社会的人有义务参加公共服务、帮助穷人。"沃伯格家族确实很重视这件事。他们投身于公共服务之中，使世界变得更加美好。这是他们家庭传统的一部分，这就是养育他长大成人的家庭。

保罗 20 多岁的时候，在弟弟的婚礼上，他遇到了弟媳玛丽的姑姑，保罗爱上了她，并娶她为妻。她的名字叫妮娜·洛浦。保罗和他的弟弟分别娶了姑姑和侄女，可以说是亲上加亲。许多人将这两次联姻称之为纽约的德国银行家与德国本土银行家之间的商业合并。这次联姻是两大家族之间一次成功的商业合并。妮娜的父亲拥有并经营着 Kuhn & Loeb 公司。她的另一个亲属雅各布・希夫担任经理。

保罗・沃伯格

因此，保罗成了当时 Kuhn & Loeb 公司的合伙人，他们在纽约安了家。两大家族之间的吸引力和联系成全了这段姻缘。保罗与妮娜的婚姻使他留在了美国。短短几年之后，市场崩溃，美国遇到了第一次金融危机。我们称之为“1907 年危机”。1906 年，他发表了一次演讲，警告人们市场不稳定，有崩溃的风险。“盲目的市场投资会导致危机”，保罗在这一点上是对的。从此，保罗以其对市场的准确预测和知识为世人所知。从那以后，1906 年至 1908 年，保罗开始尝试发展一个预测系统——中央银行。根据他的设想，这个央行最终成为美联储的雏形。这个设想在很多年之后才得以成为现实。他们对此并不了解。直至今日，人们也没有了解美联储成立的初衷和职责。从一开始，保罗就认为央行应由政府管理，但绝不是政治工具。保罗担心一旦央行成为政治工具，它可能会为邪恶而不是正义服务。今天，人们将保罗设想的美联储和现在的美联储混为一谈。现在的美联储受到政府操纵，是扭曲和变异的。举例来说，现在的美联储引起了通货膨胀，他们决定制造通货膨胀来稳定经济，这正是保罗当初最为担忧的。

保罗神奇的预测能力

保罗知道自己有预测未来经济的能力，他能够预测经济危机，但是别人不信任他。他对此心灰意冷，十分失望。当看到一列火车即将撞毁，你向别人发出警告，人们却不以为然，无动于衷，你会作何感想？保罗觉得自己对此负有责任。他对自己倾其所能却回天乏术感到十分困扰。人们受到了危机的冲击。这不仅仅是富人财富缩水的问题，而是人们受到灾难性打击的问题。1929 年危机确实是美国和世界的一次重大挫折,人们失去了一切,有人因此自杀。保罗很可能从此再也没有恢复过来。不过，之前他经历过一次危机。所以他提出创建美联储，希望这样的悲剧不再上演。然而事实恰好相反，当时成立的美联储背离了保罗的初衷，问题没有得到解决。1929 年的危机范围更广、规模更大、影响更深、持续时间更长。

受到抵制的设想

保罗的大致设想是：成立央行旨在阻止各大银行控制全国、获得高额回报。在政府的管理下，央行应该监管经济运作，保持市场的平稳。保罗

美国联邦储备委员会

从来都不是美联储的主席，人们以为他是主席，其实不尽然。美联储成立后，保罗只是其董事会的成员。如果他当上美联储主席，也许当时会是另一番景象。保罗没当上主席的原因很多，其中很大程度上是因为他的德国背景，美国人对操着德国口音说英语的保罗有偏见，他们不能容忍自己的美联储主席说着德国口音的英语。

1929年，华尔街股市形势急转直下。到了1932年股价已经缩水近90%。

拿现在的术语来说就是“非理性繁荣”，没有人喜欢扫兴的人。大家都在挣钱，所有人都在投资，擦皮鞋的孩子收到的小费都是股票，人们都疯狂了，就像一场狂野的聚会。没有人希望听到“到时间了，该回家了”或者“玩够了”，于是一切都失控了。

19世纪的美国总统安德鲁·杰克逊就提出建立类似的中央控制委员会，以监管美国经济。颇具讽刺意味的是，他们有一种美国式的决心——喜欢不受约束和控制。这也许也是美国人的先锋精神吧，1776年美国摆脱英国的殖民统治，这种精神一直都存在，有时候这反而成了坏事。举例来说，许多美国人认为自己有权利在家里存放枪支，没有第二个西方国家认同这样的正义，这就是美国人眼中的自由。

1929年，经济大萧条时期的美国街头

事实上，在央行成立之前，控制美国的就是那么一家银行，建立联邦储备体制理应是正确的决定，但是，实际成立的美联储与保罗的设想相距甚远。当时保罗的设想受到了很多的抵制，他的设想没有得到真正实行，保罗对政府利用通货膨胀来操纵经济的做法感到失望。

央行不是凭借一己之力就能成立的，它需要

政治上的推动。其他研究银行史的专家、经济学家、天天谈论这个话题的人也许更合适回答这个问题。他们可以告诉你背后的故事：参议员奥尔德里奇、秘密会议、名字代号，等等。现在相信阴谋论的人一定会把这些活动当成阴谋的一部分。涉及人员还使用名字的首字母相互称呼，他们以假名字预订酒店等。似乎这些人害怕公众知道这件事，害怕知道自己在讨论联邦储蓄体系。研究美国政府的历史学家很可能给你其他十个不同的例子，解释涉及民权、清洁空气、税法等方面立法的讨论过程，也许这就是政治的运作方式。没准秘密会议一直都存在，我们只是不知道罢了，也许这就是他们结成联盟、制定相关策略、争取法案获得通过的方式。政坛里讨价还价的例子很多，比如说，这位参议员会支持我的提案，前提是我支持他的提案，尽管有时这些提案和我的毫不相关。这就是制定法律的过程，就像是制作香肠一样，你会欣赏结果，但是你真的不希望了解其中的过程。

成功预测了令人悲哀的 1929 年危机

1929年3月，保罗预测股市即将崩溃。1929年的10月末，美国股市崩溃了。1929 年 3 月，保罗·沃伯格预测了经济危机的规模和影响。在对国会演讲中，他发出警告，华盛顿应该控制所有的投机者，直到危机消除所有的投机行为。他补充道："如果这种投机行为不得到制止，受害的不仅仅是投机倒把者。危机将引发大萧条，波及整个国家。"他后面还说了"影响全世界"，实际情况是，当年经济危机确实波及了全世界。此外，多年前《纽约时报》的一篇文章中写道："他从未把自己视作美国经济的完美解毒剂，对经济危机之后的革命他也是深为不满的，聪明的人知道这一点，消息灵通的人也知道。"

巴布森学院是一所商学院，如果现在没有波士顿的巴布森学院，人们可能不会认识罗杰·巴布森，还有"巴布森预测图"，这是一个数学公式，它预测 1929 年将会发生经济危机。巴布森对危机发生的原因有着与保罗完全不同的思考方式，但是他确实成功预测了这场经济危机。但人们对此并

美国纽约金融博物馆，第一位女性投资者Hetty Green

没有心怀感激："如果你知道有事情要发生，为什么不采取行动？你是怎么知道有事情要发生？你是不是输光了钱？"这就是怀疑。"他知道了什么？为什么他有这种能力？他是怎么得知这些信息的？"时间一长，"犹太金融阴谋论"呼之欲出："这一定是他的计划，他是幕后推手。"这是相当无知的，这深深地伤害了保罗。

20 世纪 30 年代初期，当时的危机确实对保罗的投资有影响，就像是被击中了一两拳。1929 年股市崩溃，危机波及全世界，但是不管怎么样，保罗的金融资产存放在银行，他们受到的冲击很小，在华尔街有人跳楼自杀，有人输得一败涂地，就像是灾难性的“自由落体”，光是看到这种场景就令人痛心，他觉得自己无能为力。1931 年、1932 年直到他去世之前，保罗的家族银行——沃伯格银行，由保罗的弟弟麦克斯掌管，当时整个银行都是一个烂摊子。在纽约的保罗和菲利克斯尽全力拯救家族银行，为了拯救家族银行、防止局势恶化，保罗损失了上百万美元。之后他又投入数百万美元巨资，买通腐败的德国官员，目的是帮助家族银行的雇员逃出德国。因此，保罗·沃伯格投入了巨额的个人资产，去帮助犹太人。

带着幻想离开人世

当时保罗突发心脏病，从现代医学的角度叫做心绞痛。这本是可以恢复的，但是由于情况不断恶化，他就去世了。之后不久，罗斯福在 1933 年 3 月正式就任美国总统，在保罗·沃伯格去世之后，美国的经济情况在短短几个月内进一步恶化。这正好是胡佛在任的最后几个月。遗憾的是，保罗没有亲眼看到罗斯福当选美国总统，因为他去世时，胡佛总统仍然在任，胡佛对当时的危机负有责任。1929 年的股市崩溃、个人的损失、对弟弟混乱管理的失望、拯救沃伯格银行的必要性，也就是维持其运转、避免破产清算、维护家族荣誉，这些因素最终触发了保罗的心脏病。保罗坚持自己的做法，就是清偿沃伯格银行的所有债务，而且是动用自己口袋里的钱。其实保罗是完全没有责任的。面对这些压力，他是伤透了心。原因首先是世界范围的经济危机，其次是大萧条引发的家族银行困境。他可能会这么想“一切就是轮回，事情会有好转的时候”。但是他并没有活着看到这一天，也许他和安·弗兰克一样，是为人们的福祉而奋斗，他一定认为当时的胡佛总统、美国国会没有为百姓服务，可能保罗对自己个人的失败也深感失望，他觉得自己可以做得更多、做得更好，凭借自己的能力有所成就，为世界贡献更多。根据他的设想，成立中央银行、联邦储蓄体系，这样就可以避免 1929 年经济危机的爆发，即使是今天，美国的经济也是一个烂摊子，如果没有美联储，也许情况还要更糟。

美国纳斯达克OMX集团执行副总裁

布鲁斯·欧斯特

纳斯达克需要冒险精神

他是纳斯达克的传奇

他是其客户部执行副总裁

他对中国市场异常地偏爱

他是一个帮助中国企业寻求在美国融资的美国人

正确认识纳斯达克

纳斯达克是第一个走向风险投资产业的交易所，与企业家们一起工作，使他们能够获得资金，让他们在纳斯达克注册，创造工作的机会、新经济和新的科技。

在美国有两个主要的交易所，我们对我们过去 40 年的成就十分骄傲。2011 年将是我们作为证券交易所营业的第 40 年，我们经历了很多，这些在纳斯达克上市的公司，都是现在很受尊重的公司，他们是世界的“苹果”，世界的“谷歌”，世界的“百度”。所以我们被认为是有很多受尊重公司注册的交易所。

40 年前，纳斯达克是电子交易的先锋，我们被认为是发明创造的交易所。40 年后，我们对比现在世界上其他股票交易所，与纳斯达克交易很相似，全都是电子市场。所以我们十分高兴继承了作为电子交易的先锋精神，现在被世界各地所复制。

纳斯达克作为创新增长的国内市场，我认为，你看那些在纳斯达克注册的公司，他们的共同点是，冒险精神和创新精神。我们对于纳斯达克市场上的创新十分骄傲。像 Apple 这样的公司，使用科技、环保技术开发了产品，例如 iPhone。

美国时代广场
纳斯达克

早期在中国开放业务是明智的

我们对企业家对纳斯达克有兴趣的事实十分骄傲，他们从学生时代开始创业，所以我要说，把握住好的想法，并且切实地去执行。如果你对什么感兴趣，继续努力，希望某一天，你也可以成立纳斯达克的上市公司。

我们对我们第一个在1998年就对中国开放业务感到骄傲，自从那时，我们的业绩就一直增长，超过129个中国内地的公司在我们这里上市。我们与已有的客户以及希望在纳斯达克上市的公司都联系紧密，我们在风险投资、私人投

纳斯达克

资方面花了很多时间，确保投资者明白在纳斯达克上市的好处。我们刚在中国举行了 IPO 训练营，一共有超过 250 个公司参加，我们对我们在中国的现状很满意，我们确定在未来会持续增长。

我的纳斯达克之路

你看金融市场，金融危机是很长时间以来发生的最坏的事情，但我们看事实，现在美国的资本市场依然是世界最大的资本市场。我们有来自中国的公司从此获得资金，来发展中国的产业，所以我们认为，资本市场功能运行正常，股票市场也运行正常，没有人喜欢他们现在的股价，但你至少知道你股票每天的价格。所以我们认为纳斯达克的透明度、效率和美国其他交易所的表现对整个市场是有益的。

我们十分骄傲我们是世界最大的交易所，我们以创新和增长而闻名，从经济衰退中走出来，我们觉得我们的名声依旧。有的公司希望被看成创新的，有的公司希望被看成增长的，这是在纳斯达克的国内市场。我们在一个很好的位置帮助那些想进一步发展的公司。

当投资者投资股票的时候，需要确定了解他们的投资。风险投资创造了工作机会，风险投资为那些拥有想法的公司提供启动资金，使它们成长，像新科技，或者新工作，或者新行业，或者新零售店，所有这些都来自于想法，受到风险投资的支持。

我们知道纳斯达克，不是所有公司都符合一个标准，所以在 2009 年，我们创造了 Portal Alliance，使那些公司能获得资金，却又不需要完全公开上市，也就是 144A 板块，是为合格的机构投资者准备的，这是我们认同的另一种在美国获得资金的方式。

英国参议员，《凯恩斯传》作者

罗伯特·斯基德尔斯基

凯恩斯密码的破解者

他出生在中国的哈尔滨
他是一个拥有俄国国籍的犹太人
他继承了犹太人最聪明的思想
他曾被英国女王封为勋爵
凯恩斯对国际经济的贡献很大
而他使凯恩斯的思想延续了下来
成为20世纪最伟大的作家之一

凯恩斯对历史的贡献

全世界，当经济不行的时候，政府都会在经济上投放更多的钱来挽救经济。这个就是凯恩斯的贡献。他说，当经济开始衰退的时候，那么政府就应该往这个里面注入资金。可以通过不同的方式，比如减税或者加大消费。否则，会经历很大的萧条期，就像 1930 年的危机。我认为，当开始出现经济下滑时，世界政府都会在消费上有自己的计划，像中国，有 4 万亿刺激计划用于基础设施的建设，这个都是为了避免另一个萧条期的产生。

约翰·梅纳德·凯恩斯

凯恩斯是个社会主义者，他相信私有企业和私有行业。但是他认为，私有体系如果不能很好地监管非常容易走错路。所以，他相信市场，他不认为政府可以取代一切，但是，国家对稳定这个体系肯定有一定的作用。

货币和黄金相关联

英镑在 19 世纪中期之前一直是国际货币，在战后货币体系中，扮演着自己的作用，但却变成了次要货币，美元成为最主要的货币，因为美国的经济体更大，是个更强大的民族。美国通过美元支付他们的国外军队。这是和欧洲的一个协定，这样他们可以在欧洲有自己的军事基地，保护欧洲，遏制社会主义的威胁。所以，这个是美元在政治层面的作用。但是，经济上，美国可以有一定的收支透支，他们可以进口，而不是出口。

其实别的国家也有所收获。美国可以，是因为他们有这个条件。但是这个也要求在海外有军队，保障安全，在欧洲，还有在日本。所以美国需要有所付出，但这个是对于美国人民而言的。美国政府可以有很大的军队储备，而这个是通过印刷美元实现的。

英国，当他们控制这个的时候，他们对于黄金标准很在意，但是当他们无法控制这个的时候，他们愿意放弃。因为英国没有足够的黄金。而美国在吸引世界上的黄金，但是在这之前是英国。如果一个国家很吸引黄金的话，那么黄金就会和货币挂钩，这就是因为货币和黄金相关联。如果美国有很大的共同储备的话，那么黄金就会在华盛顿聚集，而伦敦就慢慢地不行了。这意味着，英国的经济会下滑，英国需要去缩水自己的经济，但是他们并不想这样做。所以，他们愿意和黄金失去联系。我并不认为英国很在意这个，这个是不可避免的。他们可能在乎自己会失去在世界的位置，但这个也是必然的。英国有很悠久的历史，二战摧毁了英国的世界位置。

在整个历史过程中，这些历史事件是非常重要的。美元今天也遇到了同样的问题。但是，现在美元弱了。在过去的 15 年里，谁支持了美元？是中国。但是两者都会从中受益。

凯恩斯的贡献

凯恩斯表示，我们必须废弃黄金标准，这是凯恩斯的理念。在这个世界上，有足够的资金，所有的国家都可以实现全就业。所以，国际货币基金组织建立了国际货币基金，这是为有的国家解决货币短缺的问题而设立

美国杰斐逊纪念堂

的。一个国家，如果进口的很多，那么出口也会很多。比如说，如果在货币收支平衡上出现问题，那么国际货币基金组织就会提供资金，帮助他们解决问题，而不是强迫他们去缩水自己的经济，给他们一个可以依靠的基础。国际货币基金组织有自己的资源，可以给其他别的国家，那些有暂时问题的国家，这个功能非常重要。

所有的国家都被邀请加入到国际货币基金组织中来，但是当时的共产主义国家并没有加入。从某种程度上来说，凯恩斯代表世界。但是，就整个世界而言，他代表的是整个英国。但是他提出的理论，是为整个社会准备的。这个就是知识分子该做的，他们不能只提出美国、英国的理论，经济是整个世界的。如果为整个世界提出一个广泛的理论，就像他书里说的是个通用理论，这对于每一个国家都是可用的，而不是为了某一个国家。但是，他也会被英国的利益所左右，因为他是英国政府的代言人。

中国该做的不仅仅是自由贸易

凯恩斯是一个非常优秀的自由贸易者，他喜欢自由，他有着来自自由的背景，崇信自由贸易。但是，在萧条期，他改变了他的意见。他认为，自由贸易可能会导致失业。如果有太多的进口，没有出口，那么就会有很多的人失业。所以，他在 1930 年提倡保护主义，来保证英国的经济发展。这对于他，对于英国的政策来说是个很大的改变，因为英国在 19 世纪是个自由贸易的国家。英国可以方便地出口，便宜地进口，帮助了消费者，这样就会有一个很好的平衡。自由贸易就是很好的政策，但是如果一个国家发现出口很难，但是又有很多的进口，那么就会出现失业，现在也是这样。就像美国，有很大的赤字，所以，美国就有了很高的失业率。那么就出现了保护主义，这个观点是可以理解的。

那么凯恩斯到底要通过布雷顿森林体系做什么呢？他想建立一个体系，这样可以继续自由贸易，不会依赖保护主义，去保护就业。因为他想根除整个世界通货紧缩的原因，通过给每一个经济体足够的资金，那么就不需要贸易壁垒了。

凯恩斯是一个很中立的自由贸易者，在一定的情况下，自由贸易很好，但是还有一些不是真正的自由贸易，就是一个国家应该和谐。一个和谐的社会发展，不是因为所有的东西很便宜、很有效，而是应该保护社会的一些因素，像农业、技能，否则这个社会就会失去机能。就像中国可以做很多很便宜的东西，美国消费了很多，但是生产者呢？如果生产汽车的工厂消失了，或者像麦当劳一样的企业消失了，我们该怎么办？我想中国对此很敏感。因为你们知道这个社会需要很多不同的因素，必须和谐。所以，尽管自由贸易很适合中国，尤其是货币、出口。但是，这不仅仅是中国应该做的唯一一件事。

美国纽约市第一位华人主计长

刘醇逸

经济危机引起金融转移

他1967年出生在中国台湾

2006年他获得了“影响世界华人大奖”

2009年他以压倒性优势战胜竞争对手

成为纽约历史上第一位亚裔主计长

他是历史上第一位华裔，也是第一位亚裔市议员

变革是永恒的主题

新一代总是有新的理念，带来新的商业模式，将透明度提高到新的层次。市场总是不断追寻这种新的境界，实现信息的及时交流。

今天我们有互联网，可以及时获得信息，信息交流的速度和市场处理信息的速度会更快，这是无可避免的。新一代总是会将新的理念和新形式的交易实现资本化。旧有的老牌机构总是希望保住自己的优势，那么新的势力也就会在市场中找寻自己的优势，这就是长江后浪推前浪。

我对发展中国家金融市场发展的看法

回顾100年前的美国，行业开始繁荣，规则也更加成熟，同时金融市场开始起飞，在华尔街及其附近的街区兴起各式各样的股票交易所，这使得资金实现最有效的流动，流向那些最需要资金的部门和领域，使得更多的人参与到金融和工业市场中去。对于印度、中国和其他地区所需要的资本，我们要指导这些资本的流向。这是一种双赢的做法，投资者既可以获益又可以投资到基础性行业中。

有许多对资本主义深信不疑的人都认为资本化不能没有监管，否则无法实现长期的成功，所以我们需要监管。如果我们看金融危机前的华尔街，无论是政府还是我个人都认为政府缺乏有力度的监管，忽视了许多先兆。所以才有了金融市场的崩溃，而这是本应该早就可以预计的。

所以我们应该增强监管的意识，尤其是对于新的想法。但是我们也要确保这些新理念不只是短期的投机行为，而要促进长期的投资。政府就应该在这个方面介入，政府的重要职责就是鼓励长期的投资，打击短期获利的短视行为。

美国纽约街道

美国纽约公共图书馆

华尔街对美国作出的贡献

华尔街不仅是纽约也是整个国家的经济引擎。正是由于它的这种重要地位，我们应该让纽约的经济更加多样化。作为主计长，我的主要责任就是要振兴华尔街，让它继续发挥它的作用。但与此同时，我也要着手让纽约的经济更加多样化，减少对华尔街的收入和红利的依赖性。我们应该关注媒体、制造业、软件业、国家贸易等。这样可以振兴纽约的经济，实现经济的多样化，创造就业，使得纽约的经济不会像道琼斯平均指数一样起伏不定。

美国纽约大都会博物馆

我相信任何一个行业都会经历这样的

新旧更替,金融业和华尔街更是如此。在新一代当中总是不乏创新和新理念,但是我们也要考虑怎样更好地利用这些新的信息和技术。我认为这些新力量很好地满足了金融市场对于透明度的需求，这也是我们政府要采纳的想法。

市场越透明、效率越高，所有的参与者就必须以最快速度去转化和处理好这些信息。通过调配资金的使用，满足社会真正的需求，我们就可以使市场更加高效，避免投机者钻空子。

我相信对于金融体系，华尔街是整个经济的润滑剂。我们要知道没有各个行业的发展和商业繁荣这个基本经济面做支撑，华尔街是不可能存在的。

华尔街在调配资金流向、满足各行业所需方面做得很成功，尤其对于长期投资。但是我还是要强调经济的多样性，即使是像纽约这样以华尔街和金融业著称的城市，也要发展基础性的行业，真正吸纳劳动力的行业。服装业在纽约的衰落是一个很大的遗憾，我们也作了很大的努力引入高科技的行业，比如生物科技、软件等，促进媒体的发展，这些行业才是真正创造就业的行业。如果没有这些经济基本面做支撑，华尔街是无法生存下去的。所以我们一定要记得基础行业的重要性，即便是对于纽约而言，基础工业的地位也不容忽视。

纽约是最早受到经济发展不平衡影响的地方，金融市场急剧下滑。因此纽约政府所面临的财政压力也是最大的。所以我说我们要实现多样化，不能让纽约跟着股票市场起起落落，伴随着华尔街的发展周期一起动荡。我们要从中实现获益最大化,但同时我们也要有一定的防护措施。

我对纽约的未来很乐观。纽约不仅是金融中心，也是媒体和科技、高等教育的中心。全球的人拥进纽约，这是自由之土，充满了机遇和选择，我对未来很有信心。我作为一个新移民，早年来到纽约，我仍然希望我能在这里成家立业，我想这也是很多人共同的选择。

我们会尽可能地去努力，作为主计长，我也会尽我所能去加强华尔街的实力，使得纽约在全球金融市场的地位更加稳固。我相信在很长一段时间都会保持领先的地位。同时,我们也希望纽约不仅是金融中心,也是媒体、软件、生物工程以及所有的高科技行业的中心,我希望这些都能在纽约实现。

曼哈顿大学金融教授，金融史学家

查理斯·盖斯特

华尔街的繁荣与衰败

他是最了解华尔街的人

他创作了《华尔街史》

让人们能看到华尔街繁荣背后的故事

他就是曼哈顿大学的金融教授查理斯·盖斯特

华尔街就是一个大赌场

在西欧，投资的历史是17世纪从荷兰开始的，紧随其后的是英国。这两个国家都已经出现了股票交易，是西方最早出现股票交易的国家。美国则是在100年之后快到18世纪末期才出现股票交易的。独立之后，以很初期的股票形式在户外进行交易，持续了25 ~ 30年时间。我们使用的是英国和荷兰的模式。

华尔街最初是在室外进行交易的，是在一条大街上，后来被称为“华尔街”。建立之初是为了隔开荷兰人和土著印第安人，他们习惯袭击英国的领地。在纽交所建立之前的大部分时间内，它就是一个交易者的市场：交易商品，各种少量的股票和很多美国国债，只要能赚钱的都拿去交易。

最初的25 ~ 30年间这里是专门的市场，政府在此为战争举债，富有的商人可以提供资金。只有出现基建的时候市场才真正形成。铁路和运河第一次变得很重要。他们发现可以通过卖股筹资，之前除了几个银行和早期的保险公司之外谁都没有这样做过。所以包括铁路和运河这样的基建的发展见证了华尔街集资的开始。

保罗·沃伯格是一个来自西北太平洋的富有的皮草商，他来到了纽约。从现代的意义讲，他和其他的富商提供了流动性。当时没那么多国内储蓄，只有很富有的人才能借钱给政府或是购买银行和其他公司发行的股票。历史上有很多富商，但他是第一个最重要的。

实际上到19世纪还没有多少人清楚华尔街是干什么的。我们主要是农业国，后来才实现工业化。通信不发达，人口分散。只有交易所的专家才进行股票交易，他们是自己的代理，同时也是富有的客户。所以投资的理念发展很慢，但是投机却有所发展。

横贯美国东西的铁路大动脉

华尔街出名是因为人们总是将美国的金融泡沫归咎于它，1836年、19世纪50年代末、60年代末，70年代、80年代、90年代都是这样。通常美国都在经历投机的高涨，华尔街也推波助澜。很快就带来银行危机，这对人们的生活影响很大，因为大家意识到自己的钱没了，没法把支票兑成现金，通常这都是华尔街的问题。所

美国伊利运河

以长此以往，大家就觉得华尔街是邪恶的。

出于某种原因很早以前美国人就开始投机了。我们愿意把自己一开始当成储蓄者，工作努力然后存钱投资。但是美国的投资历史很有意思，比如说 19 世纪 20 年代至 30 年代间前，华尔街已经很发达了，但很多大学都是通过比如出售彩票的方式来为其出版作品筹资的，如果你愿意，普通人可以用彩票致富。这是一种投机，从来没有消失过。工业化的迅速发展也起了促进作用，工业化使人们由乡村迁居到城市。人们很快意识到在美国的金融领域赚钱比通过努力工作赚钱更容易。

在 1864 年、1865 年之后，出现了一股反投机的运动。可能是由战争引起的，却把人们的善良和丑恶都暴露了出来。自那之后，大家就知道华尔街是很容易就可以推动投机热潮的地方。

我认为华尔街一直都存在这种投机行为，它一开始就是赌博的场所。卖空者很早就学会了如何把根本就不了解的公司卖掉，然后凭着很低的价格把这些公司买回来。18 世纪 90 年代末起，华尔街就有了这样的名声，直到今天仍是如此。在这一点上美国存在争议，一方面创造了很多财富，另一方面也带来了灾难。与 1929 年以及在 19 世纪的其他几次金融危机相比，现在的金融危机也许只能算是有史以来第三严重的一次。

美国房利美公司

我谈几次金融危机

第一次严重的金融危机是在1836年。也是由房地产业、纽约的投机行为、证券投机、银行信贷危机引起的，后果非常严重。政府当时的反应是暂停，甚至是拒绝第一家央行的运行，直到1912年出现美联储为止（当时称为美国银行）。当时的人们和稍后的杰克逊总统认为美国银行实际上是问题的根源，华尔街的富人要为此负责。在这一点上他的看法部分是正确的。因此，第一次危机政府完全没有干涉。在之后的七八十年也是这样，我们根本没有有效的监管机构。

1907年又经历了一次危机，那次危机很严重，但很短。这与我们之后经历的几次危机是不同的。银行界在摩根的牵头下团结在一起，为市场提供流动性并让华尔街及国家经济重新站住脚。1908年左右，部分政界人士不希望类似的事情再次发生，他们不希望危机那么严重，并且也不希望看到私人银行扮演央行的角色。

所以几年内在佐治亚州开了一系列会议，很多银行家认为需要建立央行，需要美国形式的央行，而不是欧洲形式的。央行被称为美联储，并最终在1912获得国会通过。

那时摩根有所介入，1893年时他也介入了。14年后，他再次介入了。他的介入是无可争辩的，肯定是有所帮助，因为他是华尔街的元老。但同时在美国有一股很强烈的反托拉斯运动，反垄断运动。很多人真正地认识到包括投行和商业银行在内的银行业（今天我们称之为华尔街）就是垄断，即使不是完全垄断也是寡头垄断，掌握了国家金融命脉。所以虽然摩根做得很好，但是人们的想法还是逐渐要把金融大权从私人银行转交到政府去。

摩根总是被阴谋论包围，19世纪其他的银行家也有阴谋论。大部分是因为美国的出版界有点追求轰动效应，尤其是当时喜欢出版银行家的个人故事。总体来说当时的人都不大懂经济，不是很清楚到底是怎么回事，这

皮尔庞特·摩根

就导致他们认为有人密谋夺权。这些人和那些相信银行业垄断或寡头垄断的人不一样，因为垄断是存在的。但是大众的看法和逐步移权的看法是同时存在的，那种感情就是这样产生的。

那时有很多人有比较粗暴的反应，很难讲是华尔街的交易员还是住在下曼哈顿的人，街上常常会有暴动。现在我们可以看到游行示威，但是已经很长时间没有见到那样的暴乱了。我们对那时唯一的记录就是报纸，而有些报纸是站在华尔街一边的，另一些则是反华尔街的。所以很难搞清楚是怎么回事。

在大部分危机中银行系统都自我纠正，社会也恢复了元气。那时失业率没法统计，对危机给人们的社会影响也没什么概念，直到 20 世纪 20 年代才有一些记录。19 世纪 50 年代末期，美国西部前沿的银行引发了 1857

年的恐慌，很多人离开了农场，很多银行破产，但即使美国的银行破产法改变了许多，记录具体有多少人受了影响是很难的。所以我们认为当时的社会影响很大，但是很难量化。

比较 1929 年的金融危机和这两三年的金融危机，可以看到发生了许多变化。可能原因有所不同，有所深入，但是其共性还是值得注意的。

在 1933 年或 1934 年的证券监管之前，人们可以卖空债券，只需遵守纽交所的原则即可。在 1933 年之后 SEC（美国证券交易委员会）建立了一系列规定，投资者或交易者如想卖空债券就必须要遵守这些规定。在 2004 年、2005 年时，SEC 放宽了很多自己设立的规定，认为这些规定过时了，认为市场可以自己管理自己，但实际上后来证实并非如此。所以由于缺少卖空的监管和后来出现监管但又放松，2007 年、2008 年的很多股票都崩盘了。

1929 年和 2007 年、2008 年的危机很相似，只是较之 1929 年、1930 年，这次政府行动得更快。那时花了 5 年时间才出现新的监管，5 年之后才出现了有效证券监管，4 年之后才出现了有效的银行监管。要是现在也要花这么长时间，整个系统可能早就崩溃了。现在只要短短几星期、几个月，可是当时却花了好几年时间。

从过去的事情中汲取教训

我比较怀疑人们到底能不能从过去的事情中汲取教训。在美国，我们通过回顾 20 世纪 20 年代和 30 年代的财政状况来学习如何解决问题。我们自认为可以预知问题的到来，但实际上我们根本就做不到。我认为我们学习历史，是为了学习前人的经验，不要说经验来自于未来。对于从事这一行的人来说这是一种怀疑的立场。但另一方面，我们买书，读书，找问题已经有很长的历史了。但当问题真的发生时，我们又手足无措，不知道其根源在何处。

我希望有朝一日人们能像重视政治历史一样来重视金融历史和经济历

史。我认为主要问题是，金融是很复杂的，比了解通俗的历史难得多。你必须要懂得其机理，了解是在现阶段还是在过去。人们一般不会在这上面花费很多时间。更像是投资时间来研究一辆 1925 年生产的摩托车的机理。这对于了解机理是很有用的，但金融业是一种机制。因此我希望有朝一日，比如一二百年之后人们能像了解政治一样了解金融。实际上我对美国的大萧条是很有兴趣的。我看到一些事情发生，我读到了有关的独立报道，比如 1932 年股市大幅下跌，那时短期证券交易的争议也很多。然后我进一步对其相关信息进行了解，就意识到我们正处于一个长时间的理念斗争的历史阶段。在 2008 年夏天，我们刚结束了有关短期交易的争论，那时的交易者都在攻击房地美和房利美、雷曼兄弟的股票，其他少数的金融力量简直把他们打击得抬不起头来了。我觉得交易者和批评界人士的一些争论很有意思，和 1936 年的很像。这么长时间，我们应该从中学到点什么，如果我们继续努力，也许别人就会了解得更多一些。

美国耶鲁大学经济学教授，国债专家

格特·卢文赫斯

经济强国理应具备雄厚的经济实力

他曾获国际投资论坛杰出成就奖

他是耶鲁大学的专家

在国际金融和资产方面的造诣很深

他对世界经济的发展有独特的看法

荷兰的商业思想

荷兰的贸易是荷兰金融的亮点，其起源于17世纪的商务活动和联合东印度公司的建立，是关于一些小的贸易公司与亚洲进行的贸易。后来他们合并成了一个大的团体，得到政府资助并成为当时世界有重大影响的公司。有很多的创新与联合东印度公司的建立有联系。但首先，他们是最早向公众发售资产股份的联合体。当然，之前也有公司是有股份的，但联合东印度公司是第一个直接向公众发售股份资本的公司。并且让公众自由买卖这些股份，这导致了阿姆斯特丹金融市场的繁荣，人们都对自己感兴趣的股票进行交易。第一次带来了金融衍生品这一概念以及期权、看跌期权、看涨期权等概念，远期合约和期货的概念也随着联合东印度公司开始交易的同时产生。原因是为了将股票出售给交易对方，你必须来到公司的办公室，也需要将公司股东的名单更改。

但公司一周或一个月只公开一次其列表。那就意味着你只能在月末进行交易，但人们每天都有交易，人们所做的就是在公司期货到期之前就进行交易。这对今天的期货贸易、股票交易、债券产生了影响。这时出现了期权合约，我可以买一些联合东印度公司股票，但我没有特定的义务和责任，因此看跌期权和看涨期权也可以追溯到早期的联合东印度公司。

一般说来，如果你没有资本，就算你想成为企业家，也有好的想法，你又能做什么呢？所以资本市场的出现就将有资本的人和有点子的人分离开来。因此，如果我有资本但没有好主意，但我想成为企业家，我就可以去资本市场上寻找一些有想法的人。这样的发展阶段对每个国家来说很重要。

因此阿姆斯特丹市场的出现，你会从南欧市场的繁荣中受益。17 世纪时犹太人大规模地迁往阿姆斯特丹，他们同时带去了贸易和如何建立契约等基本的技术，这就使得阿姆斯特丹成为了一个贸易中心，这对阿姆斯特丹资本的积累作了很大贡献。

比较 16 世纪和 21 世纪的股票交易

在 17 世纪初期，股票交易其实是不存在的，所以总的来说这是一个人们可以进行各种东西交易的市场，包括股票。人们面对面地聚集起来，与今天形成强烈对比的是，人们可以边喝咖啡边交易。但今天的股票交易场

荷兰远洋帆船

所就不同了，交易者本人不来，他们的交易是通过各自的代表来完成的。

那时与现在不同，一个人可以在不同的地点和若干个人交易，他们可以来到公司将列表上的股东名字更改。它将两个很重要的功能分开，以便合作公司的成长。这与你有高明的点子不一样，你得同时拥有足够的资金。如果你有好的方法，你可以到资本市场给投资者们出谋划策，为合资企业产生赢利。合资企业曾经是建立在这其中的一个基础之上的。

荷兰的一个公司也曾是这个情况，他们买了一艘船，然后开往亚洲，在两三年之内未必会回来。因为实在无法预测这些船如何回来，什么时候会回来以及他们所带回来的商品的价格。有时可能会有三艘船同时回来，这样的话，他们带回的商品价格就会下跌，因此企业家无法获得足够的资金来支撑合资公司，荷兰高级公司所做的就是允许企业家有个永久的资金。因此当一艘船回来时，你就不需要将船卖掉，可以卖掉这些商品并将所获得的资金投入合资公司。

抵押债券的由来

荷兰第一次创立了合资公司，这也是荷兰资本市场对世界的贡献。但如果再看后来的18世纪，还有很多的创新是来自阿姆斯特丹，这些创新至今仍然存在，一个例子就是抵押债券市场，它起源于18世纪后半期的荷兰，它在某种程度上与欧洲的一段黑暗的历史有关，即奴隶贸易。荷兰的一些商船开往非洲，运输了一些奴隶并将他们带到今天的加勒比海一带。他们被迫在那劳动，然后种植园主们将生产出来的商品运往欧洲。这时商业银行家出现了，这些商人和银行家为了确保那些种植园主能够将生产出来的商品运往欧洲的阿姆斯特丹等地，给他们提供抵押贷款。

他们将这些种植园主牵制住，确保他们将货物运往阿姆斯特丹。有趣的是，这些荷兰的银行家并不是用自己的资金来提供抵押贷款，他们在荷兰的资本市场上筹集资金，而这些资金又是由贷给这些种植园主的抵押债

券来担保的。

这就是我们今天所谓的抵押债券，这在早期荷兰资本市场引起了很大影响。所以 20 世纪 80 年代的证券主要都是从这些抵押债券发展而来的。就像这几年抵押资产发生了危机一样，荷兰当时在 18 世纪末也发生了抵押资产危机。

荷兰因此将其殖民地位让给了英国，种植园也没了，买了这些抵押债券的投资者也在亏本。与其他金融巨变一样，大多数的债券后来都被转成了留给这些投资者的期货。

债券的作用

债券这个东西的历史较久，它可以与人们之间的贷款联系起来，而贷款又可以追溯到芭比罗亚时代的契约交易。古代芭比罗亚人的契约交易文书是写在泥板上的，这个可以作为借贷的凭证。借贷已有 4000 年的历史，可以追溯到现代的伊拉克。而政府债券又可以追溯到意大利，下一个会是哪个国家，我也不清楚。

关于借贷，可以这样说，当你回顾整个国际的金融系统时，会联系到旧时的金融债券。这些债券从未被偿还过。因此债券的历史就是拖欠和破产的历史，很少有债券能得到偿清。当你在阅读金融方面的书籍时，当我们在教这方面的课程时，当问到你是如何看待永久债券，即无法终止的债券时，英国的债券从未成熟，它们从来都没被偿还。在荷兰，这种关于永久性的证券问题也存在。那么为什么政府会拖欠呢？原因可能是革命、变革、政府变更或者战争，这样政府就无力偿还了。

美国耶鲁大学法学院教授

乔纳森·梅西

金融需要多方面监管

他1977年毕业于哈佛大学

然后又拿下了耶鲁大学法学博士学位

他曾在多家大学任教

2000年他成为了纽约证券交易所董事会法律咨询委员会成员

他就是乔纳森·梅西

伯纳德·麦道夫丑闻

我认为诈骗是完全可以避免的，但有两个问题一直给我们带来麻烦。首先，人们总是忘了人类天性这回事，像美国和中国这样的大国，有很多人在金融领域就业，其中大多数人都是诚实守信的，但也有一部分人并不是。如果我们认为所有人都是诚实守信的，就会出现问题，所以我们必须提高警惕。就本质来说，我认为大多数人的本质都是好的，都很诚实。但总有一些害群之马，所谓一粒老鼠屎坏了一锅粥，就是这些人给我们带来了麻烦。但伯纳德·麦道夫这样的人是占少数的。但我认为，如果人们以为伯纳德·麦道夫之类的人不存在，也是很危险的。就像人有高矮一样，同样有人

伯纳德·麦道夫

诚实也有人不诚实，这很难分辨，那些不守信用的人总想着蒙骗投资者。

美国的另一个很大的问题是监控者自视过高，他们会想：在监控市场上，我们说了算，我们能够保护你们不受伤害。人们信以为真，以为可以受到SEC和信用评级机构的有效保护。所以人们自己就不再进行调查。颇具讽刺意味的是，人们越是依赖这些机构的“保护”，就越容易受到安然和伯纳德·麦道夫公司的欺骗。因为人们不再自己作决定，而是依赖于信用评级机构之类的政府官员和官僚机构，而它们的表现非常令人失望。

所以也许麦道夫丑闻有积极的一面，那就是，人们通过此次事件会意识到，他们必须自己作调查并自行决定，而不是依赖那些监控者和信用评级机构。

媒体的角色非常重要

一些为数不多的记者——有些是华尔街记者，有些是《财富》杂志的记者，他们是第一个揭露安然丑闻的。在很多其他事件中，记者的表现也非常出色。在某种程度上来说，这反映了有一种独立的媒体在与其他新闻出版机构竞争，这对于市场来说，有积极正面的效应。而且很显然，媒体给我们带来了诸多好处。在美国，我们发现很多，可以说是SEC获得的绝大多数关于丑闻的信息都是媒体揭露的。他们看到新闻故事时会说：看看这个故事，我们必须调查一下。媒体的作用不容忽视，这既是好事也是坏事。说它是好事是因为，媒体的角色非常重要，给了投资者很大帮助。但这也同时展示了其他机构表现多么糟糕。因为我们在华尔街有财务分析师，他们一年可以挣几百万美元——记者可不能，但记者能够发现诈骗案，财务分析师不能。因为他们有利害关系，他们不想说这些公司的坏话，因为他们想和这些公司开展投资银行业务的合作。虽然媒体在揭露金融诈骗和帮助市场运行方面很重要，但这一事实恰恰反映了市场其他机构的失职。

我认为媒体需要做的最重要的事就是保持独立，并且“愤世嫉俗”，因为媒体有时会犯和投资者一样的错误，会轻信人们，会认为这些著名的大型公司不可能参与诈骗。但事实是，有时它们确实会参与诈骗。所以，只要有这样一种文化存在：揭露金融犯罪和诈骗会给记者带来威望，爆炸性的新闻会带来成功——这也是理所当然的，那么媒体就会有努力工作和揭露这些丑闻的动力。

政府对投资者的保护都是一样的

1929 年经济大萧条时期的股市大崩盘之后，政府颁布的法规数量最多，例如《格拉斯-斯蒂格尔法案》(Glass-Steagall Act)，1933 年的《证券法》，1934 年的《证券交易法》，1940 年的《投资公司法》。但是每一个重大的丑闻都导致了一系列法律的诞生。例如安然 2002 年垮台导致了《萨班斯-奥克斯利法案》的颁布——每次金融危机都会促使一些法案的通过，因为人们想看到他们的政客有所作为，但人们的注意力又不能维持很长时间，所以政客会采取一些迅速的、立法上的回应，然后又陷入下一轮危机。

有几种方法。第一，人们似乎没有意识到创新需要尝试。我们取得发

耶鲁大学

现和尝试新想法都是通过试验完成的。通常，当人们尝试新产品的时候，比如新机型和车型时，都会测试其安全性。但不知何种原因，华尔街没有这样的“安检”传统。当某人发明了某个东西，五分钟之后就上市了，这是个大问题。我赞成财务创新，但人们必须了解，金融领域的创新应该居于保护消费者之后，就像经济其他领域的创新一样，不管是飞机还是什么，这是一方面。

第二，金融有个很根本的问题，那就是，对于从事贸易和投资行业的人们，有两个衡量指标。其一，投资的收益是多少，他们能使原始价值增加多少。其二，他们需要承担多少风险。如果两个投资者表现相当，但其中一个能够带来更多收益，并且风险更低，那他/她就比承担较高风险的另一位投资者做得更好。

我们的问题——尤其这跟创新有关——从技术层面来说，衡量人们所得到回报很简单，电脑几秒钟就算得出某人创造了多少利润。但从另一方面说，我们很难衡量某个投资者承担的风险或与金融创新相关的风险有多大，这种衡量也非常主观。所以比起计算回报，我们要精确衡量风险的大小需要投入更多的资源。补偿方案也一样，我们根据回报而不是风险来计算补偿方案，这是一个巨大的错误。人们需要更谨慎地考虑与投资相关的风险，在计算投资时，将风险这一因素至少放到和回报相同的层面上。当然，

在作投资决定时，个人投资者会这么做，但金融机构和试图进行金融创新的人们也应该这样。

我们能不能从新的监控中获得很多还是个未知数。但和过去的危机得到迅速处理相比，这次华盛顿（美国政府）的动作之慢令人吃惊。《萨班斯–奥克斯利法案》很快就出台了，1933 年的《证券法》和 1934 年的《证券交易法》也在罗斯福任期之初很快就出台了。奥巴马政府正忙于很多其他事情，例如伊拉克、阿富汗和医疗制度改革。也许在对待小型投资者的官僚体制方面有所革新，某些监控者也得到治理，但似乎应该进行的改革幅度不会大。

很多年前，华尔街只是纽约的一条街道。在 21 世纪，无论是从事金融活动还是证券交易，人们会提起的地方都是华尔街。这可能发生在世界任何地方。很显然，这些金融活动会更多地在像中国这样的其他地方进行，而不是美国。

英格兰银行历史学家

福里斯特·卡皮

英格兰银行的建立是让人民替国王还债

他是一本活生生的英格兰银行官方历史

他著有多部经济历史和贸易方面的书刊

他就是福里斯特·卡皮

成为金融中心的条件

人们经常思考，为什么一个地方会成为经济中心。在 15 世纪，日内瓦是金融中心，阿姆斯特丹也是。很多地方曾经都是金融的中心。金融中心是个很大的经济体，或者那个地方可以融资，或者那里在金融方面有特殊的技术，或者货币坚挺，或者政治环境稳定。在全球化的今天，因为时间的不同，纽约、伦敦这些金融中心，可以来回运转。中国香港也是重要的中心，因为特殊的地理位置，这个地方很容易作金融交易。上海也可以成为金融中心。

建立英格兰银行是一种交易

建立英格兰银行的背景，主要是政府需要钱。他们有了困难，当商人来到这里的时候，有一些富余的钱，所以他们想把这个钱贷款给政府。然后，他们希望国家建立银行。这个银行就是英格兰银行，享有一定的特权，这就是一种交易。

英格兰银行早期就像现代的银行，在 1670 年到 1680 年有很多的议论，银行主要的职能是什么。这段时间有对于金融的讨论，这个时期在英格兰，被称为金融革命，这是那个时候的一个趋势，也是一个很重要的事件，它也是唯一允许使用联合股票的银行，有很多的股东都可以参与，这是一种垄断，其他的银行不能够发行股票。所以，英格兰银行的地位很特殊。

但是当时真的没有一个中央银行的概念。英格兰银行,从现代含义而言，并不是中央银行。200 年之后，在 19 世纪中期，英格兰银行才被确立为中央银行，可以管理交换汇率，为金融的稳定起到了很重要的作用。这才是中央银行的概念。所以，从这个角度而言，英格兰银行是第一个中央银行。

英国与美国金融体系的关系、影响

英国金融体系在美国金融体系之前，有一个很能干的金融家，他给美国金融带来了新的理念。有人说，他为中央银行的原则奠定了基础。有一个非常有名的作者汉密尔顿，写了很多东西。所以很难说谁的理念在前，谁的理念在后。但是，总的说来，英国的体系存在了很长时间，先于美国。他们由于不同的原因以不同的方式发展。

英格兰银行

在 18 世纪才开始讨论中央银行在经济危机的时候应该做什么。在 18 世纪中叶，英格兰银行对于金融稳定起着关键作用，被看作是最重要的机构。美国的金融体系，在 18 世纪下半叶时不稳定，所以美国人决定，要建立像英格兰银行，或者其他欧洲的银行的中央银行。他们建立了委员会，然后进行调查，他们的确从英格兰银行学到了很多。

华尔街和伦敦

纽约华尔街是个很大的中心，美国是个很大的经济体。伦敦也是个中心，但是英国的经济体稍微小一些。多大程度才算是国际金融中心？伦敦有多少国际贸易在运作？这很难讲，也很难去分辨什么是国际交易，什么是国内交易，所以，人们会采取不同的方式去衡量，有多少外国银行在伦敦，有多少在纽约。但是，我认为，没有一个合适的方式去作比较。有的时候，你可以指特殊的交易活动，你可以得到一些数字，是伦敦的交易更多还是美国更多。但是，当欧元来到这个市场，很多不同的货币就消失了，只剩下欧元了，所以很多的贸易就会以一种货币交换，这样国际的交易会大大减少，因为人们拿一种货币交换。所以很难拿一种尺度去衡量哪个大一点。他们是竞争者、对手，他们有自己的优势，有的时候其中一个领先了，但是并不是永远。

在 19 世纪，伦敦的确占据主导位置。但是，美国经济在 20 世纪接替了它，在 1920 年，美国是个很大的经济体，很大的债主，超过了英国。但是美国在一战后不是很明朗，他们采取回避政策。英国的国力很强，然后遭遇了大萧条。尽管英国没受到太大的影响，但是美国受到了很大的打击。三分之一的银行倒闭了，这是个很大的灾难。如果你是个外来投资者，想要去投资交易，伦敦在那个时候要比纽约更吸引人。但是，美国在二战后恢复了，美国起主导作用。

美国奥古斯塔那学院教授

兰德·考尔德

信贷消费史——从胜家缝纫机到梅西百货

他对信贷消费史了如指掌
他敢于向传统观念发起挑战
他用小小的一本书
催化了克制与挥霍这一对矛盾
使其达成了令人惊异的平衡
也引导了当今的消费文化

从缝纫机销售中走出的分期付款方式

缝纫机不仅仅是生产服装的机器，它也承载了很多的社会影响。

第一，女性可以用它集中精力做事情；中上层女性可以生活得更奢侈；工作阶层的女性虽然不会让自己的生活变得更奢侈，但可以改变劳作的方式。第二，它让漂亮精致的服饰面向大众；它使阶级分化变得模糊，至少在视觉层面是这样的。因为很难分辨走在街上身着得体的女性是工人阶层还是中等阶层，甚至无法看出谁是城镇里最富有的女性。

19世纪50年代典型的消费特征是储蓄，和现在大相径庭。那个时候的美国流行储蓄文化，教师、传教士、政治家以及家长都很积极地宣传储蓄是很好的行为习惯，而欠债是负面的行为。可不管怎么说人们还是会欠债，但是他们知道谨慎而为之。

每个人都希望能够拥有一台缝纫机，但缝纫机的价格非常高。在1870年，胜家缝纫机公司成立后不久，一台胜家的家庭缝纫机需要60美元，而当时家庭年平均收入为500美元，几乎没有人会积攒60美元去购买一台缝纫机，因为那需要很长的时间。

消费信贷就是从缝纫机的资金筹备中演变而来的。

胜家公司的合作伙伴，爱德华·克拉克想出了一个办法，那就是让美国妇女租用机器，然后用租金购买，叫做租购，这是效仿英国模式而来的。

她们不希望把这称为债务或者信贷，因为怕家里出现矛盾，她们的丈夫不愿意再增加债务了，所以称之为分期付款。

美国胜家缝纫机公司总裁加里·琼斯

分期付款的想法是胜家公司首先提出，他们在销售缝纫机时就使用这种销售方式。

在纽约胜家公司总部的隔壁有家钢琴销售公司。克拉克就是从那里得到了启发。在1856年，他们以试验为开端。在接下来的20年里，胜家公司允许其美国及全世界的代理商试验不同的付款条件，他们会要求交纳一些首付、选择每周付款或者月度付款。在1890年的美国，每周支付1美元意味着相对于用现金购买缝纫机方式的价格更高了。那时，一台缝纫机的平

1851年制造商销售的第一批缝纫机之一

均售价大约是30美元，而信贷购买则需要40美元，但是几乎所有的人都选择信贷购买，因为这样他们能够以较少的资金先购置一台缝纫机。

一位女性需要10到15小时缝制一件衬衫，这种高强度的工作会导致眼睛疲劳、指尖磨损等症状。因此把缝纫机带回家意味着两点：缝制不再是拴到屋子里的艰苦工作，人们有自由时间做其他的事情；另一方面也意味着一些妇女可以为地方市场生产衬衫等物品，增加家庭收入。所以丈夫对购买缝纫机会给家庭带来更多债务的担心是不必要的，缝纫机也可以是利润生产者，这一点不言自明。

美国梅西百货

胜家公司让分期付款变得普遍，他们吸引了其他制造商的注意力。通过分期付款，每个人都可以得到满足，达到目的。他们向其他制造商许诺说："人们早晚会偿还的。"也向其他制造商保证，每周付款可以让各方都满意。胜家公司在美国金融市场作出的贡献值得肯定。

美国梅西百货

但是，这些举动引起了文化精英们的担心。消费商品很多，在工厂里、在人们的家里到处都是，通过信贷人们可以很容易就买到自己想要的东西。甚至在20世纪末和21世纪初的时候出现了一波反对分期付款信贷的浪潮。但这不能左右人们坚持信贷的信心，大家都把信贷看成是一件好事。

反对信贷的人们一部分是来自于中层阶级，比如编辑，他们抱怨人们在商场用信贷购物太多了。其实这后面隐藏的是阶级矛盾：中层阶级或精英认为工人阶级不应该超越他们的阶级地位，分期付款帮助工人阶级购买物品使得他们跟中层阶级的差距变小。

但是，还是有越来越多的人喜欢上了这种分期付款的消费方式。

对于胜家而言，推销缝纫机并不是很难，因为把它作为有意义的工作工具推销，而不是无意义的消费，就很容易销售。好的欠债就是，你欠债买的物品会帮助你还清债务。所以在农业上，欠债购买土地就是个不错的主意。美国金融伦理一次又一次地证实了这一点。

但是，在消费信贷史中，最伟大的时刻应该算是汽车的发明。第一台汽车甚至比缝纫机的价格还要高。所以美国人用现金购买汽车似乎更不可能。早期的汽车制造商并不是金融人，他们不想卷进信贷业务。所以从汽车销售一开始，报纸上就充斥着金融中间人向购买汽车的美国人提供帮助的广告，这与胜家公司的模式相仿。

最终汽车制造商通用汽车公司第一个提出了赞助计划。亨利·福特则不喜欢这种方式，人们需要负债才能购买他的汽车，所以他拒绝这种分期

美国梅西百货外景

付款的方式推销。在1920年，当福特汽车和通用汽车成为彼此最强劲的竞争对手时，通用汽车在这次战争中取胜，其中一个原因就是，通用汽车在信贷计划上更前卫。

消费权代替了公民权

“9·11”之后，当每个人都在担心，在这种危机时刻应该怎么办的时候，布什总统说应该做的就是继续购物。显然，这有些疯狂的想法，似乎成了一个公民的基本的义务。

那么缘何如此呢？

在20世纪70年代，移民占有很重要的角色，而那些文化权威的声音由于移民的缘故被隔离。来自父辈、来自妻母的声音，警告人们不要过深地陷入债务。当离开这些的时候，文化的权威就变弱了，所以人们听到乐

美国纽约街头

观主义的声音机会更多："没问题，你会偿还清的，这些会帮助你变得更富裕。"随便问一个你认识的女性，她是愿意买一件衬衫还是自己缝制一件，答案显而易见。

毫无疑问，多亏了像缝纫机或者汽车这样的产品，人们的物质生活水平提高了，消费品虽然需要花费资金，但大多数时候是隐藏的。

回看信贷融资的历史，我们可以看到某一段时期，如五年到十年间，人们储蓄多一些，借贷相对少一点。然后人们又会忘记储蓄，周而复始。如果政府对经济监管，这就不会成为问题。但是如果只是顺应潮流发展而不去干预，肯定还会有下一个泡沫，很可能是我们现在根本预想不到的某个方面，一切又再次重演。

当听到别人谈论华尔街时，我首先想到的就是一个1980年左右叫作《华尔街》的电影，里面一个人说："贪婪是好的！"现代的经济很奇怪，贪婪是每个宗教信仰、每个哲学权威以及传统都认为是坏的东西，然而在资本主义里却变成了好的，这是一个非常奇怪的悖论。

然而事实的确如此。亚当·斯密在他的《国富论》里曾就此有过思考：人们怎样才能拥有一个正当的社会呢？基于宗教的社会并没有取得很好的成果，因为存在宗教战争和屠杀。在这一点上，他没有错。贪婪在自由市场的社会发展，也许我们的社会不是贪婪的。可能在某种意义上，贪婪对于每个人都是好的，但是对于一个个体，贪婪还是应该摒弃的。

20世纪20年代和30年代，美国有许多重要的大百货商店，梅西百货商店是其中最大的一个，它位于纽约。它一直就有合作的传统，这也是它的口号：梅西百货没有债务者。这显然反映出了梅西百货创立者的态度：债务是不好的。中等阶层的消费者应该有使用现金的原则，用储蓄购物。其他公司也有类似的原则，他们都不希望通过信贷进行销售。

然而在20世纪初期，一个接一个的商场都开始意识到如果他们实行分期付款计划，他们可以卖出更多的商品。于是，在20世纪20年代，只剩下梅西百货仍然坚守非信贷销售模式。梅西百货的竞争对手最终都超越了它。

20世纪30年代经济大萧条无论对于梅西百货还是其他百货都是一场不小的危机。它们面临着经济毁灭的威胁，梅西最终跟随其他公司实行了分期付款的销售计划。这对于他们不是一件容易的事，他们强调购买衣物家居等商品并不算是分期付款的计划，实行账单到期即付计划，在你使用商品的同时付款。

前美国联邦储备委员会官员

劳伦斯·迈耶

稳定的汇率有利于全球经济

他是一个经济学家
他曾经是美国联邦储备局的委员
他获得过很多次经济预测奖
他和格林斯潘共事多年
他就是劳伦斯·迈耶

建立次贷监管机构的必要性

信贷时期的消费状态很有代表性，一个人走进银行说：“我想买房，但我买不起，还利率的钱都没有。”银行说：“没关系，你能付多少就付多少。”然后再把他的利率逐步上调，当他的利率变回普通贷款的时候，房子就保不住了。政府引诱消费者参与到根本没道理的金融安排和按揭方法中去。

当然,也有一些监管措施,称为“合适性贷款”。银行不仅要看信用评级，还要考虑，为什么这个家庭适合这种贷款？变为普通贷款的时候他们还得起吗？如果不能，银行提供按揭、收费、收房时可以拿到抵押，那么银行就要为此负责。这是监管的一种，但很难执行，因为这种方法是让银行为愚蠢的借贷负责。

在谁该对信贷负责上，有一些人指出：“不仅家庭要负责，银行业同样要负责。”这个想法很令人称赞，但是做过头了。给按揭提供次级市场，将其打包、证券化、卖掉，房利美和房地美为此担保，大家也愿意买，除非房利美和房地美关门，否则就是安全的。房利美和房地美失策的一点是没想到按揭最终都转到了它们手里，它们为按揭担保，很多都在自己账面上却没太多资金，风险很大又没什么监管。作为政府机构，风险大的时候可以拿到政府利率。国会认为人人都该有房,所以让房利美和房地美提供按揭，

美国纽约纸带游行

却缺少监管，这样可以降低按揭成本。房利美和房地美规模很大，共和党当政就雇共和党人，民主党当政就雇民主党人。这样的系统不能继续下去，要找到别的办法去解决。

现在又有人开始建议可以私有化，把社会目标和私有目标分开，让政府接手社会目标。而这是亡羊补牢的方法。政府表态完全支持两房，否则两房就得关门。现在它们的负债还是安全的，因为至少还有些监管。但是两房不能再继续曾经的做法，必须研究转型的问题。这是一个长期的过程。

那么怎么保护人们呢？自由市场经济很难保证人们不作错误决定。资本主义市场有激励机制、奖励和惩罚，这不是政府而是市场决定的。如果信贷评级比较低，就很难得到信贷。但市场也不是万能的，以次贷为例，有些发行次贷的机构根本不关心风险，反正次贷在它们的账面上十分钟后就卖给别人了，它们才不关心质量，它们只想要数量，越多越好。

所以，应该让房主和银行承受损失，还是政府该监管推出次贷的机构呢？这个问题的答案显而易见。

美国房利美公司

大众的疯狂

金融危机出现的原因有以下三个方面：

第一，长期的低利率。

第二，金融创新：次贷，复杂的证券化。

第三，资本主义经济会有泡沫和破裂的周期。

而美国当时的状况是，“你听说我的邻居又买了套房没？半年后转手就赚了20万美元，我为什么不能呢？”因此大家都去用未来的钱买升值的资产，升值远远超过固有的价值，这其中包括高科技、网络股、房子，但这并不是可持续的。美国这种情况很疯狂，我们称之为“大众的疯狂”。

著名经济学家赫伯斯坦说过：“不可持续的是不能继续下去的。因为会造成金融泡沫的产生。”但并不是所有的资产泡沫都一样——股本泡沫不算什么；科技泡沫只不过带来轻度衰退，基本没影响；但房产泡沫就不一样了：地价、房价、房地产价格，这些都是银行的抵押。如果房价、房地产价格下跌，就会出现金融危机。资本主义离不开金融，离不开资本市场，离不开信贷。你去存钱，然后银行借钱给我，你的钱变相是借给我的。资本市场就是这样，信贷和贷款大抵如此。如果房产泡沫破裂，银行就要倒闭，上百个小银行都倒了，大银行需要帮助才能坚持。房产泡沫破裂导致按揭不可持续，打包的按揭也一文不值了，只值原来的10%。

打个比方，亚马逊是网上书店，书很便宜，信用卡付完钱书就发出来了，看似我是借钱买书，我几乎从不用现金，但每天却是要还款的。美国人花未来的钱，而且很多人毫无节制，因此全国举债，资本主义国家大多如此。这种情况下就显得有些过分了。家庭、金融机构、政府都债台高筑，但是钱早晚要还。为什么会出现这种情况？是预算做得不好。在这种情况下，其他国家还会继续向美国借钱多久呢？

欠钱太多是要付出代价的，长期不还的话，欠的钱会成为天文数字，

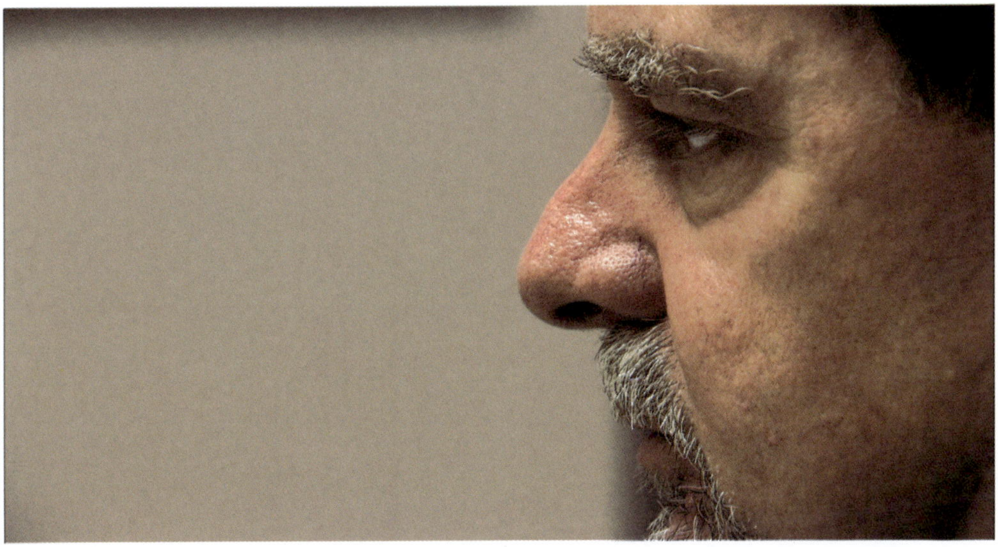

美国加州财政部部长　米歇尔·杰内斯特

这很危险。但是人们喜欢冒险。如果违约的风险高，价格跌到比人们预计的还低，信贷市场的风险差价就升高。冒险是美国文化的一部分。金融危机刚过去不久，但人们认为这场危机已经结束，快速地失去规避风险的意识。既然没有从长计议，那么相信下一次冒险就要开始了。

现在贷大数目的款项较难，首付是5%、10%甚至20%，而且要有足够的存款作担保。这就证明，人们已经意识到以前犯了错误，不该买房的家庭买了，不该放贷的银行放了，所以就做了一些修正措施。人们还会冒险投资股本市场、贷款给公司吗？答案是会的，而且已经开始了，他们对风险的担心不会超过六个月。创新给资本主义经济带来活力，著名的经济学家熊彼特称之为：创造性的毁灭。

手机出现，固定电话就不赚钱了，一些公司要关门；沃尔玛一出现，家庭经营的商场不能与之竞争，也倒闭了；亚马逊一出现，买书又方便又便宜，所以书店就有倒闭的。创新和竞争是资本主义的命脉，总有赢家和输家，今天你是赢家明天有可能你就是输家。新产品层出不穷，有的时候几家公司统治市场，你可能觉得竞争不激烈，但在同一种类产品的市场中，竞争非常激烈。为什么人们甘愿冒险呢？如果成功的话，可以赚100万美元，有时可以给人带来几千万美元的收益。一些首席执行官的年收入是6000万美元，但有些人不是高管，甘冒风险，年收入也能达到上千万美元，这就是冒险的回报。有人觉得这很荒唐，但这就是推动资本主义的动力。大家都想赚钱，都很努力，都创新，都想成为年薪一亿美元的幸运儿。

2002年1月我离开美联储，我参与的最后一个会议是2001年12月举行的，那时刚开始降低利率。部分原因是股本泡沫的破裂，进入衰退。利率很低，有轻度通胀的趋势，央行随时都可以停止通胀，利率没有上限，可以持续提高，控制通胀。但是通缩呢？利率只能降到零，无法再低，央行也不一定能停止通缩。而当时通缩已经持续很久了，大家很恐慌，不知还会出现什么样的情况，所以美联储也是迫不得已，竭尽全力支持经济，确保经济继续发展，摆脱通缩。

我在美联储和格林斯潘共事

我曾是美国联邦储备委员会的一员，这也让我自动成为联邦公开市场操作委员会的一员，这是美联储货币政策的决策机构。制定货币政策是美联储委员会和联邦公开市场操作委员会成员最重要的责任，每年重大的会议有八次，按经济前景制定货币政策。我一直和格林斯潘共事，他的权力很大。在他手下工作没什么太多的投票和决定权，每位理事都有其他责任。大部分时间我负责监管，我要和负责监管的部门打交道，我是该委员会的主席，我在此花的时间多于我在货币政策上花的时间。

针对货币政策，联邦公开市场操作委员会有12位投票成员。7位是理事，还有5位轮值主席，都可投票。格林斯潘的流程就是在周一（周二开会）告诉大家他第二天的议题，但基本上这个议题是已经定好的。经过整整一天的激烈讨论，他就拿到了7张赞成票，没有任何成员反对。也就是说会还没开呢，就有绝大多数（12中的7个）的成员做好了决定。

我离开美联储后的那段时期，争议很多，有通缩的危险，美联储很担心，不知道如果陷入如同日本那样的通缩后能否脱身。所以利率被降得很低，这也可能是促成了房市泡沫的一个原因，大家认为房价的高企和低利率会帮助经济复苏、减少通缩。更有争议的一个观念是“有节制的步伐”，每次开会前大家都知道要把利率提高25%，这给货币政策带来了稳定性，让人觉得金融市场整体是安全的，但这也进一步促进了泡沫形成。

1637年，荷兰曾发生“郁金香泡沫”危机

如果回到那个时期，那些决策看起来是合理的，大家都是事后诸葛。泡沫的成因很多，很难讲哪个是最主要的。长期的低利率是其一，但本次危机主要与次贷相关。次贷和证券化两个创新都发展很快，大家自以为理解它们，其实不然。我们不知道随之而来的风险，我们以为房价会持续走高，但房价跌了三分之一，这是前所未有的。次贷市场一下就垮了，风险和系统风险意识加强，一些金融机构倒闭，以至于需要政府介入。但也有其他的原因：房市中的投机、风险管理能力的减少以及无法衡量复杂金融产品的风险。即使有AAA评级的抵押，也没人愿意借钱给金融机构，使得有些投行倒闭。

金融中介一般短期借入，长期借出。如果不能短期借入，就会出现流动性危机，就需要抛售资产。所以美联储的做法是必要的，加大了流动性，也是不得已而为之，这样避免了金融资产抛售所带来的灾难。

让人们都买得起房是政策的目标，大家都喜欢“信贷民主化”。以前买房需要很多首付，信用级别很高才能按揭。现在只要在电脑上输入收入、工作时间、负债多少，就可以根据这些得到信用评级。银行知道信用评级低风险就高，但同时利润也高。可数字并不能真实地反映风险。

在这之后利率可能会变得极高，甚至还不起。但没人在乎，反正房价走高，股本增值，需要再融资就继续融资，风险会变小，只要房价上升就可以继续这样下去。一旦房价下跌，融资困难，按揭价格上升，你的抵押品赎回权就被取消了。如果泡沫膨胀，房价上涨，经济开始过热才会开始限制。美联储一直都是这样的，从来都不会预见到泡沫并提前加以制止。

他们担心过房市泡沫吗？也许到后来才开始担心。大部分时间他们说：房子在涨，家庭财富在增加，消费和居民投资得到支持，这样可以促进经济持续增长。那么说有点言过其实，那时的观点是：银行是特殊的机构，可以向美联储借钱，很安全，有美联储的支持它们就会冒险，所以需要监管。格林斯潘不太喜欢监管，但我们有监管责任。

我们比较大的问题是什么呢？其一，我们没意识到投行和银行是一样的，投行的系统风险甚至比银行还多，没有 FDIC 保险，没有美联储做后盾，完全通过短期借钱融资，不吸纳储蓄。其二，美联储对次贷太放任自流了。大部分的银行都在操作次贷，然而美联储出于种种原因没有好好监管，这是监管政策的重大失误。银行得以把这些资产从账面上拿掉，进行证券化，再卖给全球投资者，同时给市场更多资金，让贷款方得到更好的条款，把风险分配给更了解也更能管理的人。

证券化很流行的另一个原因是可以把高风险的资产——次贷这样的投资组合进行金融工程处理，最底下的 20% 是亏损的，剩下 80% 的评级都是 AAA，市场需要这样的金融产品。金融创新通常是好的，但是发展太快又没监管也很危险。

美国哈佛大学访问学者

路易斯·海曼

摆脱不了的债务危机

他是哈佛大学的访问学者

他的论文获得了哈佛大学商业史最佳论文奖

他探索国家债务与经济发展的关系

他侧重研究美国经济的实践历史

他就是美国著名的经济学家路易斯·海曼

消费信贷的合法化进程

19世纪的胜家公司，在全国范围内销售缝纫机，与此同时，他们也需要进行这些商品的融资。他们需要让所有债务保持在一定比例范围。在20世纪，通用汽车开始进行汽车销售，汽车显然比缝纫机昂贵得多，但是他们也能够向其他财务公司转手债务。不仅仅是通用汽车，实际上几乎所有的汽车销售商都向消费者提供信贷，在市场上转手债务。

自从19世纪中期开始的百货商店就有消费信贷了。但是关于梅西百货以及纽约其他所有的百货商店非常重要的一点是，也许他们一开始没有正式的分期付款计划，但是他们都提供信贷，都有便利的贷款。今天，我们并不把这个看作是一种贷款，因为这些所谓的贷款并不收取利息。他们的做法是你可以先拿回去使用，在月

美国通用汽车公司

哈佛创始人约翰·哈佛雕像

底的时候付清，不需要额外交利息。但是人们不可能总是这样，因为人们常常会忘记交付。

在 20 世纪 20 年代，出现了分期付款计划，首先是应用于汽车以及向金融公司转让债务，零售商向消费者提供借贷，之后再向金融公司转让债务。虽然当时仅仅是在汽车领域实行，但是很快就应用于各种家庭耐用产品了。在 20 世纪 30 年代，各种各样的欠债似乎成为主流，比如私人债务。

1930 年，消费者的信用度非常高，尽管当时正经历经济萧条，但他们基本上都会偿清债务。花旗银行和美洲银行推行了分期还款项目，向消费者借贷，供他们购买物品、房屋、汽车，等等。资本家、零售商和金融家等都相应地开始消费借贷，这使得消费借贷变得合规合法。

1943 年联邦住房管理局（FHA）出台了一个针对住房管理的联邦方案，它允许人们从大商业银行借款维修房屋。接着，银行发现可以通过这种行为赚钱。这也是商业银行第一次向消费者发放贷款。

循环预算账户遍地开花

在 1938 年以前人们有两种消费借贷可以选择：一个是便捷的赊账账户，只要在 30 天内还清借款就可以；另一个就是分期付款信贷，这种情况下的信贷关系非常稳定，借贷人购买的物品是指定的。所以，通过分期付款，任何人都可以购买家具，分期付清。

人们虽然应该在 30 天内付清借款，但许多人做不到。所以通过建立一种结构关系，明确指出消费者的行为，可以让人们更有效地使用借贷资金，同时还可以赚取利息。所以也第一次有了人们在 30 天借贷的方式上收取利息。

美国哈佛大学

而1938年布鲁明岱尔百货开始实行循环预算账户，把这两个消费信贷模式结合起来了。人们最多可以借300美元，用这笔钱买所需要的东西，同时他们也按照一定的付款方式还款。所以史无前例地结合了赊账账户和分期付款信贷。

显然他们也不希望人们借贷过多，因为通常信贷者要当心消费者是否能还清，需要保护他们自己的利益。然而，在第二次世界大战的时候，政府监管机制开始监管30天信贷和分期付款信贷，让当时的零售商不得不寻找新的方式赢得竞争。由于是一种新的借贷方式，没有监管机制对其监管，所以循环预算账户的想法传遍全国，甚至在二战后也兴盛了下去。

于是，越来越多的百货商店放弃原来的分期付款计划，循环预算账户开始流行。这也就是今天信用卡的前身。

信用卡是个矛盾的金融创新

证券化就是把债务变成证券，出去的钱是通过进来的钱融资的，进来的钱是通过出售债券得到的。现金流是从银行或信用卡的贷方流转到投资者，风险是在投资者身上，而不是在贷方，之前还有间接的融资方法。银行担风险，是通过商业票据市场。银行和通用这样信用好的大公司可以在商业票据市场发行短期债务，再用由此得到的利益以高利率为消费者债务融资。

大家都以为证券化是过去几年才出现的，其实在更早的时候就出现了，历史也比你想象的复杂。大萧条前有“参与证书”，地方银行发行名为“参与证书”的债权，用于地方按揭。大萧条使得投资者丧失了信心，银行业不能为按揭融资了，造成了按揭违约，美联储和政府制定了政策，终止了“参与证书”，由长期的分期取代，受美国联邦房屋管理局的政策控制。从20世纪30年代到60年代末都是如此，那时出现了城市危机，城市中的非裔美国人暴动。二战后他们拿不到按揭和其他经济援助，政府通过三房发行MBS，以便把钱投入城建和推动经济。MBS的发行带来了证券化。20世纪 60 年代和 70 年代的证券没有今天这么复杂，但也分散风险，出售按揭。

按揭的历史很吸引人，要了解区别还是要回到 20 世纪 20 年代，当时的按揭和今天的按揭看起来很像。“参与证书”存在的时间很短，只有三五年，在这期间只还利率，之后再还本金。当时大家以为买房的人可以再融资，一切都没问题，和今天的情况很像。分期就是连本带利一起还，最长为 10 年期。大萧条时政府重组按揭融资标准化为长期分期按揭，时间长于商业周期，再融资这样就不会和商业周期重合，不会出现 1932 年那样的按揭崩盘。20 世纪 30 年代到 60 年代再融资占据主导地位，建立了贷款的新标准。美联储认可房贷，宣传这样做是美国好公民的行为。而在 20 年代时这样是可耻的，是依赖性的表现。

回顾 19 世纪，只有工厂主和农场主有房屋，20 世纪房子是最大的消费产品。房子代表着独立性这一点可以追溯到很远，现在也是如此。移民中比较富裕的人群一直在买房，政府重组按揭融资，鼓励在郊区买房，早期的移民分布聚居区消失了。在这之前，波兰裔、犹太裔和意大利裔住在一起，但郊区什么人都有。1924 年加强移民限制，一直到 1965 年才放松，同时人口重新分布。

移民可以很充分地说明分期到底是什么。移民们刚来时一无所有，分期可以帮助他们建立自己的家园，未来的收入用于现在的消费。美国和其他发达资本主义国家的区别是战后东亚和欧洲一片破败，美国本土没有战事，我们是世界最富裕的国家，只有我们资本富裕，可以分配信贷和消费，其他国家都需重建。战后大家都在借钱，由于经济势头好，工作稳定，还得起钱。

20 世纪 70 年代美国人的收入停滞不前，信用卡不仅用于购物，也给劳务市场带来了不稳定性，让大家买了很多现金买不起的东西。可以贷款买房，贷款操作股本，买车，干什么都行。90 年代房屋可以抵押后，信用卡发展迅速，以为房价会持续走高，但突然就开始下跌。其实还有一个原因，1986 年以前，消费者利率都可减税，按揭利率、放贷，可现在不行了。

很难说清楚信用消费对美国经济的贡献，但毫无疑问信用消费是必不可少的。

美国哥伦比亚大学商学院教授

布鲁斯·格林沃尔德

我眼中的价值投资理论

他是哥伦比亚大学商学院的教授

他是价值投资理论的专家

诺贝尔经济学奖得主约瑟夫·斯蒂格利茨是他的朋友

他们共同完成《通往货币经济学的新范式》

提出了一个全新的货币经济学理论

华尔街是一个大赌场

每当人们买入证券的时候总是认为它会升值，而把它卖给你的人则认为它会贬值。这当中有一个人肯定是错的。换一种说法就是所有投资者的平均水平就是市场的平均水平。所以说每个人都像中国孩子那样比平均水平高是不可能的，这也不符合数学原理。

当你准备做一笔投资的时候,你应该想出一种能够让你盈利的投资方式。这样你所购买的都是升值的股票，卖出的都是会跌价的股票。正如其定义一样，价值投资可以用两种方法让你做到这一点。其中一种方法非常直白，在生活中人们常常会有计划地做一些奇怪而无道理的事情，而他们把这种习惯带到了华尔街。所以，价值投资就要利用别的投资者作出的这类事情。

要想做到这一点，也有三种方法。

第一，在每个国家，彩票都卖得非常火爆，这实际上是一种愚蠢的投资。之所以火爆是因为不管哪里的人，都会为一夜暴富的梦埋单。股票也一样，由于人们的这种心理，那些优等股票的价值常常被高估，而一些不那么起眼的股票的价值被低估，而价值投资者们关注的就是这些不起眼的股票。

第二，不管是生活还是投资，人们总是讨厌那些丑陋的、会让人亏钱的东西。比如一个公司有了麻烦的时候，就像十年前的汽车公司，还有前段时间的银行和信用公司，这时候人们就不想和它们扯上一点关系，总是不自觉地逃避风险。和人们买彩票相反，这时候人们常常会为了早日抽身，贱卖那些丑陋、让人失望的资产。这就创造了可以用低价购入这些资产的机会。

第三，人们生活中常常高估自己的能力。如果一个人认为一只股票会升值，他会非常地肯定，有百分之百的把握，或者说当他认为股票会跌价时，也会非常肯定。这就意味着，人们常为那些被看好的公司付更多的钱，因为没有一个公司能永远盈利，永不亏本，这样一来人们就高估了这个公司的价值。对于那些效益不好的公司也一样，人们总是低估它们的价值，而同样没有哪个公司会一直亏本，没有翻本的机会。

本杰明·格雷厄姆

本杰明·格雷厄姆（图左）和“西尔斯零售扩张之父”罗伯特·伍得

价值投资不是随波逐流

价值投资者永远懂得利用人们投资的趋势，这是价值投资者的第一个原则。一个真正的价值投资者永远是在寻找普通、乏味、无价值、让人失望的股票。当房地产市场垮掉的时候，价值投资者们会收购商品房；当每个人都认为房价会涨的时候，我们却不再对它感兴趣。当汽车工业遇到麻烦的时候，我们会关注汽车业，而等它重新繁荣起来的时候，我们也会对它们失

沃伦·巴菲特

去兴趣。

人们应该有一种策略，选择投资的策略，买入或是卖出证券的策略。这样一来，最终会让你有能力看出有价值的投资，你知道这背后的原因是因为你利用了人们在生活中一些常见的习惯。

很少有价值投资者会买苹果或者亚马逊的股票，或者那些能让人发财的股票，这就是为什么他们中很少有人在中国投资。因为每个人都认为中国会有很好的发展，势头迅猛，如果这样的话，价值就会被高估。这就是价值投资的第一部分。

第二个部分就是，当你认为有个很好的投资机会的时候，价值投资的策略就是低价购买，这意味着用低于价值的价格买入。你必须有能力看到这只股票的真正价值是多少。而首要原则就是你得看这个亏损的公司真正值多少钱，你不需要考虑和谁做股票交易，也不需考虑谁在关注这只股票；你必须弄清楚被选中的这家公司的价值，因为这只股票代表的就是这家公司的价值。这家公司的价值到底是多少呢？如果你想去做的话，你就必须考察公司的可用现金流。你不用去管互联网的未来或是13亿的中国人，你所要考虑的就是这家公司能赚多少钱。

要做到这一点，就需要你在估算价值的时候必须运用最精准的方法。

和一般投资者不同，价值投资者有独特的估算未来现金流的方法。美国和中国的商业学校里学的一般的估算方法就是估算净现金流，也就是一次性估算未来现金流和资本成本（在某个时间里钱的价值），然后得到最终估算价值的结果。如果你仅仅是想知道这些现金流是多少的话，这种方法在理论上是对的。但是不确定性是不能被忽视的因素。

价值投资具体方法

价值投资的方法是，要看你所得到的最可信的信息。净现金流估算法不会把有用信息同无用信息加以区别。比如你估算明年的现金流或是后年

美国国会

的现金流就是有用信息，而 31 年前的信息就是无用信息。同时这个方法也会忽略一些重要信息，比如它忽视资产负债表。然而资产是有价值的，所以就应该考虑进去。价值投资人首先就是从资产负债表开始看的。

也许人们会有疑问，这些资产的价值是多少？如果该行业能继续做下去，现在购置这些资产的价值是多少？如果该行业困难，需要出售公司时，它们能卖多少钱？这些就是最可靠的信息。因为你能在资产负债表上看到每个条目。

价值投资者看的另一个方面就是公司现在的盈利情况，公司到底能盈利多少。从来不会考虑未来的增长，因为如果考虑增长量的话，就等于做梦，这样会让数字变得极不可靠。必须关注今天的盈利情况，这叫“盈利能力价值”。你要评估假如公司永远是现在这个盈利水平，那么这个公司值多少钱。这就是本杰明·格雷厄姆发明的关于价值评估的两个极为重要的方面：首先做资产评估，然后做盈利能力价值评估。

如果人们真的这样做了，必将受益匪浅，做好了这两步，你可以决定增长是否具有价值。增长只有在投入资金的回报率比资本成本高的时候才有价值。假设增长率是 15% 而资本成本是 8%，那么就会有很多人投资这个买卖。当每个人都参与时，利润就会下降，市场会重新分配，而竞争最终会将这多余的盈利转化到别的行业。所以，如果你做好了资产评估和盈利能力价值评估，那么你可以知道增长的价值。

在某些情况下，就是盈利能力比资产更重要，因为想要保持盈利水平，必须有某种东西和竞争起作用。巴菲特作为格雷厄姆的忠实信徒把它称为模式、经营权，用经济学术语说就是“进入壁垒”。

所以，如果价值投资人愿意为增长或者是公司收益率埋单的话，他们仅仅关注该公司是否有持续的高于平均的收益率，这一点是非常重要的，它可以保证你在市场上不会受到竞争的威胁。所以有条理的搜寻方法加上评估的方法，这使你能专心注重一些关键的问题，比如是否会有强大竞争，不会让你因为其他无用的事情分心。如果能做到这两点你就可以做好风险管理。而以上就是价值评估的重要手段，这也是格雷厄姆和多德的传统。

本杰明·格雷厄姆在 1920 年到 1937 年间提出过一些方法，后来被巴菲特等经济学家加以发展。巴菲特可以很好地描述自己的投资行为，他本人也是非常成功的投资人。你时刻都要记住的就是不能随波逐流。如果大家都到中国投资，你就不能去，这就是彩票效应。如果大家都说印度的未来发展良好，股票价值涨了 50 倍，你就应该有一种远离它的素质。比如你投资墨西哥的工业，大家都认为由于毒品战争，墨西哥现在没希望。而墨西哥公司的收购价格远远低于价值。此时你要在墨西哥投资，大家都会认为你疯了。但是你必须去那里投资，你需要的就是个性突出和训练有素。

实际上，如果你看一下统计组合的话，最低的统计组合、市价盈利率、净市值以及低增长公司，看一下市场上最后 10% 的公司，你就会发现，这些公司的盈利要高出市场三到七个百分点。当然你在不在美国和什么时期作出的统计也会有影响。

洞察力加上良好的训练是关键。如果你要想获得比美国平均3% ~ 5%盈利率多的回报的话，你就得了解非常多的单个公司的信息。这就是格雷厄姆这套估价方法的价值所在。假设我是美国公司方面的专家，我了解的美国公司情况比你多。你用美国运通公司的信用卡，觉得还不错，你认为这家公司会有不错的发展，于是你想买它的股票。如果我把它的股票卖给你，你会买吗？如果我了解这家公司很多的情况，假设我知道这家公司在他们类似VISA卡的业务上作假，在控制成本方面不得力，无力控制那些不还款的用户，这一切都尽在我的掌握之中，而且现在股价也很低，你会购买吗？因为我可能会很谨慎，我知道公司的资产情况，盈利情况和可能潜在的发展空间。如果这时候我把股票卖给你的话，你是不会买的。

不仅仅对于价值投资者是这样，其他投资也一样，如果对方比你懂得更多，你是不会从他手上购买的。

从一个投机者成为投资者

投资就是你知道你买的东西是什么，而投机是买别人也买的东西，希望能有机可乘。一定要理性地运用手中的信息，从而获得对投资对象的一个清楚认识，也就是认识它的价值相对于你出的价格是否合理。

当你买股票的时候并不仅仅买的是资产，巴菲特把它称为“特许权”，所以首先我们最关注的问题是你怎么理解这个特许权。这种特许权有三种特质，公司不需要三种特质都具有，只要有其中一种就可以了。第一，你必须要有控制成本的能力，这也就意味着你有比尔·盖茨所没有的专有技术；第二，其他公司无法夺走你的客户，这一点很重要；第三，你要拥有规模经济，你的规模必须是别人比不上的。

所以首先我们要理解这个特许权的本质，也就是特有技术优势、独有的客户优势和规模优势，然后再谈其他的优势。这些特许权公司也许不是全球性的大公司，他们或是在某个地区非常有优势（因为要掌控全球大市场非常困难），或是在某个特定的市场细分中占有优势。比如甲骨文公司专注于数据库，微软专注做计算机系统软件而并非所有的软件，谷歌专注做搜索等。我们注重寻找在地域上或某个细分的领域有自己合适地位的那些公司。

美国德丰杰风险投资公司创始人

蒂姆·德雷伯

风险投资中的大赢家

他发明了互联网行业的重要营销武器病毒式营销

他带着百度来到硅谷

他建立了德丰杰基金协会

他主导投资的企业都前景看好

我眼中的风险投资家

风险投资家每天的工作是没有固定模式的。我不知道在这一天里我都会见到谁，有时我会见到新的企业家，有时候和投资我们公司的投资者见面，有时会与媒体见面……每一天都是不同的。

企业家使世界运转起来，他们可以解决一些困难的问题，能为我们创造很多的机会，让世界联系得更紧密。通常投资人在做投资的时候不能对回报的多少有一个准确的答案，因为有的时候回报是来自那些非常成功的企业家的。

在我成为风险投资人之前，我在商科学校读书，我有四个志向，我想去研究潜水艇、数字音乐（在当时数字音乐是很有新意的想法）、创造影像计时器，还想创立一种新的股票市场。后来发现我没有这么多精力，但我仍然有成为企业家的热情。后来我发现通过风投的方式，我仍然可以成为一名企业家，完成我的那些想法，而不用把自己精力只投入到一个想法上。

我刚刚成为一个风险投资家的时候，希望能够控制我投资的公司，而且会因为无法取得控制权而感到沮丧。但现在我知道了投资的正确方法，作为一名风险投资人，你应该给企业家一片蓝天，让他们好好发展。我们仅仅给出一些指导性的建议，指出方向，告诉他们“太阳”在哪里，哪条路线是最近的。

李彦宏和百度大楼

我的血液里流淌着风险投资的精神，我后来还是开始了创业，因为做风险投资也是一门生意，让我把业务做到世界各地。

风险投资人眼中的珍宝——华尔街

华尔街和硅谷的发展是密不可分的，华尔街会想尽一切办法创造利润。他们常常模仿那些利润高的地方是如何赚钱的，将其发挥得淋漓尽致。而硅谷刚开始崛起的时候，并没有多少成功的例子可以参考。当华尔街意识到硅谷正在经历翻天覆地的变化时，他们蜂拥而至。

风险投资人关心着华尔街的一举一动，但我们关注华尔街的原因可能和大家想的不同。因为当华尔街情况不好的时候风险投资才会繁荣，就像这次危机最严重的时候正是风险投资最好的时候。

当华尔街繁荣的时候人们会更多考虑金融方面的问题，但是当华尔街情况不好的时候，人们会关注风险投资和企业家，这些人会提供工作机会。当华尔街不景气的时候，也不能让公司在这个时候上市。但是，一旦等到华尔街情况好起来，他们需要找一些有潜力的公司投资，我们就会在这个时候让公司上市，把它们交到华尔街的投资人手里。

现在资金非常充裕，在这种情况下就会有很多新的机会，公司发行 IPO 上市，对于这些公司而言，意味着经过多年努力终于快看到曙光了。我们并不追求公司做大，然后卖掉公司。我们需要的是公司上市，然后保持平稳发展。所以我们寻找那些想在纳斯达克或是上交所上市的公司，或者是想在新型私人股票交易所上市的公司。

风险投资人做的工作没有企业家做的工作危险。企业家们的风险更大一些，因为企业家的成败在于一个生意的成功与否。而风险投资家在投资的 20 个左右的项目里，其中只有一到两个可以做得非常大，另一半就很可能血本无归。虽然都存在风险，但是不应该害怕失败，我们要保持乐观。

风险投资人寻找的就是那些有上进心的企业家，而且当他们没钱的时候仍然能保持这种上进心，而不是那些希望获得快速成功的企业家。当情况变得困难的时候，特别是缺钱的时候有些人就会放弃，会失败。

美国硅谷

风险投资人在和企业家见面之前都会看他们的商业计划书，考察他们的产品和服务。之后我们会做一个市场调查，看看市场是不是真的如同计划书中说得那么大，看看这个产品或服务是不是有竞争力。如果这个企业通过短期的投资能获得长远的回报，那么就是有前途的生意；如果是已经在市场上成熟的产品，那这个市场已经接近饱和了，我们要找的是那种在未来有前途能占领市场的产品。

风险投资人常常在为一个公司投资之后亏钱而后悔，但是最糟糕的是当我们做了考察之后，判断这家公司不值得投资，之后这家公司却做得非常成功，这是最令人失望的事情。

在创业基金公司工作很有成就感。创业基金能够帮助企业家创业，创造就业机会，增加社会财富，给顾客带来更多快乐，让我们的生活更加轻松，减小地域差距，让人们能够更好地交流、出游。

企业如何进行风险投资

有人说融资就像走向婚姻殿堂的过程，创业者和资本都在寻找自己的另一半。有个非常形象的比喻：初次融资的创业者们犹如情窦初开的少年，总也捉摸不透喜爱的姑娘心里是怎么想的。

风险投资商经常被问到的问题是：你们选择项目的标准是什么？你们只喜欢海归人士吗？投资一家公司后一定要换掉它的 CFO 吗？钱怎么用？你们会管得多严？

跟别的风险投资者不同，我喜欢投资令我吃惊的公司。

首先，德丰杰投资的团队必须要有激情和能量，要有英雄式的人物以及领导力。我每次都会问创业者“为什么你要做这件事”，这个问题让我了解创业者追求的目标是什么，以及他们对事业是否满怀激情。因为激情是成功的根本。

其次，我们投资的公司要与众不同，它必须是独特唯一的，要能使我吃惊和震撼。我欣赏拥有颠覆性理念并立志于改变世界的创业企业。

百度是一个非常成功的例子。我们在很早的时候就去了中国，想要在中国投资，当时人们都觉得我们疯了。我们做了六个搜索引擎的投资案例，有四个非常成功。我遇到百度的李彦宏的时候，带他来了美国，让他了解了美国在做搜索引擎的商业模型，他回去之后将这些商业模型加入了中国式的元素，做得非常成功。

热情和积极性是一方面，除此之外，还有更重要的，有些人把它称为企业家的个人魅力，也就是能够让人们都围绕在他身边的那种魅力。有些企业家天生就是领袖，不管他做什么，别人都愿意听从他的指挥，这一点对建立团队非常重要，这样他才能够聘请到专业方面比他强的人才。

起步公司面临的最大问题就是人员问题。有时候在公司刚建立时，他们知道市场在哪里，也拥有在行业里发展的机会。但是如果两个创始者相处不融洽的话就会失败，如果一个创始者对团队吹毛求疵并有其他的想法就会失败。常常会有一对恋人共同创业，当他们分手的时候肯定也不想在一起工作了。我们给公司投资的时候也会考虑这方面的事情。

我认为企业家的创新精神是与生俱来的，他们在做大事之前就有这种潜质。他们总是向世界展现他们的能力，他们愿意做任何事情来创造一片更美好的天地。进取精神贯彻始终，这也是成为企业家的要素。

决定产品是否有新意的方法是我们考察产品本身，并且同我们看到的其他公司相比较，我们会问哪些地方和其他公司不同。我们主要考虑产品本身的差异性。

今天的规则取决于两个不同的方面：一个是风俗习惯，或者说人们现在做事的方式；另一个就是原则，即是否能够履行自己承诺的义务。

从做事方式来看，伟大的企业家都不会循规蹈矩。他们总是说：我绝不会用人人都采用的方法，我会探索新的方法，所以最棒的企业家都会尝试别人没有做过的东西。

从原则方面来看，最棒的企业家往往都能信守承诺。他们总是很诚实、很直率。这点很重要，因为如果他们为人诚实、直率，那么他带领的团队

硅谷的发源地

也同样值得信赖。这种由上至下的诚信，会为公司赢得越来越多的信誉。

在市场竞争中，这些企业家充满创造力和活力，他们希望改变世界，能够把企业越做越大。

一般来说，那些非常特立独行的年轻企业是最具潜力的。有些靠效仿起家的企业也很成功，谷歌就是一个例子。但是我们的风险投资公司只为非常善于创新的企业投资，这些公司最具创新能力，能够改变人们常规的做法。

我们总在寻找契机，当一些一直以来都很成功的大公司开始变得懈怠，开始走下坡路而需要去刺激一下的时候，这就是创新公司发展最好的时机。拿 eBay 来说吧，这个公司已经变得松懈、疲倦，不再生机勃勃。而新公司标新立异。他们会专门去寻找不太稳定的产品，就拿价格来说，iPhone 和索尼相机的价格经常随着人们对产品的认识上下波动。他们还会针对产品发展社会关系网。我们觉得这些公司非常有前景，将会占据 eBay 很大一部分的市场份额。

我们从没有对所投资的公司承诺过任何资金之外的帮助，但是我认为我们还是能够给他们提供一些帮助的。我们有非常丰富的经验，可以把他们和世界紧密联系起来，这就是我们能提供的最有价值的东西。我所做的就是帮助他们拓展市场，把我积累的经验传授给他们，从而找到拓展性的策略，为产品和服务开拓广阔的市场。

以前我们告诉企业家："在未来的 5 年到 7 年用这些钱努力去发展业务，等公司的收入发展到 2000 万美元，而利润增加到 300 万美元时，我们会和投资银行联系，投行可以让你们在纳斯达克上市。"然后企业继续拓展业务，此时已经成为一个上市公司了。

但是现在有了《萨班斯–奥克斯利法案》，上市的成本过高，我们就不能那样投资了，也不能对企业家们那么承诺了。如果要符合《萨班斯 - 奥克斯利法案》和其他强迫小企业缴纳费用的规定，要上市必须要缴纳 400 万美元，美国的小企业不可能在纳斯达克上市。证券机构就像是公司在纳斯达克上市之前的一个铺垫，这样公司可以有足够的股票进行交易，但是在真正上市之前，只有合资机构才有这样的资格。

投资公司会给企业很多保护，我们每年会制订上千个甚至是成千上万个业务计划，而提供资助的可能是每年 10 到 20 个公司。所以对于这些小的公司来说，被淘汰的概率是很大的。

我们的决策也并非总是正确的，有些公司迅速壮大起来，不再需要投资。投资银行往往能给他们带来更多成功的机会。然后新的资金注入又会产生新一轮淘汰。一些业绩较好的公司会得到更多的创业基金，也可能在未来某个时候，这些公司已经能够创造利润，那么创业投资基金就不再给他们投资。

英国伦敦《金融时报》首席记者

马丁·沃尔夫

华尔街的变故证明金融体系的脆弱

他是英国《金融时报》副主编及首席经济评论员
他频频出现在媒体上
他虽不是著名经济学家
却荣获伦敦政治经济学院科学（经济）博士荣誉教授的称号
他连续8年担任达沃斯每年一度“世界经济论坛”的特邀评委成员
他就是马丁·沃尔夫

掌握半个地球财富的罗斯柴尔德家族

罗斯柴尔德家族在18世纪是很重要的。在出现合作股票银行之前，罗斯柴尔德银行是私人银行。在19世纪上半叶，他们为全球提供发展资金。罗斯柴尔德银行的分行遍布世界，这得益于他们家族内部分行的机制。

当商业银行开放，越来越大的市场被开发，在证券市场、股票市场中，银行的作用就降低了。和美国的投行作比较的话，比如摩根银行，罗斯柴尔德家族的私人银行的规模就比较小。所以，如今罗斯柴尔德家族在全球经济中只是很小的一部分。

罗斯柴尔德家族庄园

19世纪中叶，庞大的罗斯柴尔德金融帝国在欧洲形成。每当有战争，他们便向各国政府提供军事贷款，战后又为战败国提供赔款。他们在各地开办银行，从事证券、股票交易和保险业务，投资工商业、铁路和通信业，后又发展到钢铁、煤炭、石油等行业，其影响渗透到欧美及殖民地经济生活的各个角落。

英国工业革命

罗斯柴尔德家族对欧洲历史有巨大的影响。1875年一个星期天的晚上，罗斯柴尔德家族第三代掌门人列昂内尔在他伦敦的宅邸中宴请英国首相狄斯累利（他也是犹太人出身）。席间，列昂内尔突然收到一份来自法国罗斯柴尔德分行的电报，说埃及国王因缺少资金，打算把他掌握的17.7万股苏伊士运河股票卖给法国政府，但对法国提出的价格不满意，表示愿以400万英镑的价格卖给其他国家。第二天，狄斯累利立即召开内阁会议，大家一致同意英国买下这批股票。然而，当时由于国会休会，无法筹集这笔资金。于是，列昂内尔果断地作出决定，由罗斯柴尔德银行伦敦分行向英国政府提供400万英镑，抢先买下了这批股票。此举使英国控制了苏伊士运河，带来了巨大的政治、军事和经济利益。列昂内尔·罗斯柴尔德也因此一夜之间成为举国上下敬仰的英雄。

罗斯柴尔德家族是一个典型的犹太人家族。列昂内尔说过这样一句话，大概可以反映和代表这个家族所有成员的思想："我有两大荣誉：第一，我是罗斯柴尔德家族的一员；第二，我是一个犹太人。"

罗斯柴尔德家族在国际舞台上活跃了两百多年，对欧洲和世界都产生了重要的影响。这个家族的名声之大，大概只有 20 世纪美国的肯尼迪家族能够与之相比。人们对这个家族的成功活动也有种种评说，有人把它看作是犹太人智慧、财富、影响以及慈善事业的象征，也有人把它作为犹太人企业用金钱征服世界的一个活样板。

工业革命与金融市场发展息息相关

18 世纪，从海外来到英国的很多人在英国建立了银行。欧洲在经济上实行一体化，在欧洲进行贸易，就必须有很多的金融机构，不仅仅只是在一个国家运作。我认为，在 19 世纪初期，罗斯柴尔德家族银行是最有效的银行。他们在五个国家设立了分行，负责人彼此是兄弟，使得这五家分行的关系很紧密。

工业革命在一些小的商业领域发起，他们以一种很了不起的方式自发融资。那个时候还没有有限公司这概念，所以很难说有多少资本是由他们筹集的，因为那时还没有资本股票市场，公司也就不是有限责任制。

英国在 18 世纪到 19 世纪开始工业革命，建立了庞大的帝国和繁杂的贸易关系。这个时候的伦敦，彻底取代了阿姆斯特丹成为了世界贸易中心。荷兰是一个很小的国家，但拥有很强的实力，可在很长的一段时间内，荷兰陷入了和英国之间的海上战争，并且和法国在陆地上开战。这些战争大幅削弱了荷兰的实力。伦敦在后来的两个半世纪里，都一直占有主导地位。

金融体系非常脆弱

就本质而言，金融体系很脆弱。它有两个特点，一个是所有的金融都是和未来在打赌；另一点是，金融体系是建立在信任之上的。如果你适当地投资，你就会获得收益，在你投资的时候就会做一些许诺，这些许诺的特点就是建立在信任之上。在所有的金融结构中，如果人们犯了很大的错误，如贪污或者犯罪，就会有危机。所有的金融体系面对经济危机时都很脆弱，基本每个金融体系在过去的半个世纪里，都遭受过危机。

客观地讲，没有什么方式可以真正地、完全地、彻底地防止金融动荡的发生。因为，很少有国家可以真正地开放金融市场。从某种程度上说，在私有部门的决策上，比如资源的组配都会受到影响。没有哪个金融体系

伦敦金融城 罗斯柴尔德银行

不会崩溃，但是把这个崩溃的规模缩小是有可能的，是我们努力的方向。

一些重要的金融机构崩溃，给其他的人敲响警钟，人们会去分析其崩溃的原因，雷曼到底怎么了？AIG怎么也出现了危机？那个时候银行借出利率一直攀升，信用市场被冻结。我们意识到，这次将是一次严重的危机。这次不仅是美国的金融危机，而且是全球性的或者说是西方的经济危机。金融体系在西方世界是跨国境的，而非一国的，他们之间息息相关，很容易产生连锁反应。次级贷款在经济危机的爆发上起到了很大的负面作用。主要是西方的资金借给了美国的房地产市场，这个投资很不明智，在美国、西班牙、爱尔兰和英国都有这样的现象。所以全球金融危机是由这个全球的普遍状况造成的，是被全球大的环境造成的。美国就是这个危机的中心，像一个地震的震源一样。从狭义上来看，美国作为全球化经济的中心，金融机构的中心，这次危机可以看成是美国的经济危机，但世界经济是相互联系的，所以，这次危机是全球性的，没有人能幸免。

没有人会真正走进金融。很多的人接触金融，是一种以市场为中心的金融，他们希望有更好的生活。这个不仅仅是对于华尔街而言，同样对于伦敦和其他的金融中心也是如此。很多人都来到华尔街，对金钱感兴趣的人，对金钱的流通感兴趣的人。所以，华尔街的人们很有雄心，而且有动力、有头脑、有商业进取精神。他们以商业为中心，这是所有金融人士的特点。很多成功的金融机构都在美国或者曾经在美国，我认为在全球化的趋势下，他们想发展的金融需要很强大的国内经济支持。总的来说，如果想在金融上有所成功，你必须兑现自己的诺言，不能太过狡猾。你可能会犯错误，但是必须为你的客户谋得利益。当你和别人接触的时候，你要诚实，否则你就会被逐出这个行业，别人会不愿意和你交易。有这样的一句话：在伦敦你的言语就是你的证券。如果你说什么，就必须去做到，这个是需要高度信任的市场，有的时候可能会失去信任，但是这种情况很少。你必须去相信，人们说什么，他们就会做什么。

wall street 2

华尔街II

下卷：倾听中国声音

国务院发展研究中心研究员
吴敬琏
人性具有复杂的双重性

他有着独立思考、直言不讳的知识分子风骨
他在中国经济改革史上有着举足轻重的地位
他是媒体和公众眼中的学术明星
他是当代中国最有影响力的经济学家之一

人性具有双重性

我认为，亚当·斯密对人性的判断非常深刻。人是一个矛盾的统一体，人的利己性与同情心作为一个相互对立的统一体共存于人的本性之中。建立一个制度的时候，应该承认利己行为的合理性，并由此出发建立一个自然秩序。同时，要努力提高人的道德情操，适当抑制人利己的本性，讲点利他精神。如果能够建立一个符合人性的社会秩序，那一个既有利己性，又有很好的道德情操的人，在这样的制度环境下，就没有什么约束了，这没有什么坏处。

美国的迈克尔·米尔肯发明了垃圾债，其实，垃圾债本应该是非常好的金融发明。因为有些债务的回报很低，但是只要你能够给它恰当定价，这种交易就能够实现，这对金融的发展有非常大的好处。但是，迈克尔·米尔肯做了一些舞弊行为，使得有些人倾家荡产。迈克尔·米尔肯后来得到了惩罚，被送进了监狱。出狱后，他又做了一些电视节目。美国人肯定了他对金融发展作出的贡献，肯定了金融创新对美国金融发展的作用，同时也非常严厉地批评了他的贪婪，批评他利用垃圾债让自己发财，使得别人倾家荡产。在监狱里，迈克尔·米尔肯也在自省，道德上他有愧于民众，所以他捐了很大一笔钱作为前列腺癌的防治基金。我们不能要求每个人都道德高尚，完全为别人着想，毫不利己。我们要设立一个制度，使得有贡献的人得到奖赏，而那些损害别人利益的人会被淘汰出局。同时，要提高全社会的道德水平，褒扬同情心。

人性是很难改变的，你要求每一个人都毫不利己、专门利人，这是空想。所以，还是要从几个方面去做工作。对华尔街这些人来说，恐怕也是这样。再比如说，我们股票市场非常不健全、存在专家炒作的现象。有一次，我跟美国经济学家史莱沃一起讨论这个问题，他说这个事情很复杂。他送了我两本书，其中一本是他自己写的《无效率的市场》。其实，金融市场不是我们理论上说的一个无效的市场，它是一个有效的市场，只不过存在着信息不对称。另外一本是《强盗大亨》，描写美国内战结束之后的书，写的是镀金时代的那些大亨们，例如摩根、斯坦福等人，怎么利用开发西部赚钱，书中把这些人描写得十恶不赦。后来我发现，在20世纪30年代经济危机的时候，这本书竟然获得了布列斯奖。当人们冷静下来以后，出现了一本批判《强盗大亨》的书，批评《强盗大亨》过于片面，只看到了金融大亨们剥削穷人、跟政府勾结、利用修西部铁路的机会占据大量土地等危害社会的行为，却没有看到他们对社会的贡献。不错，他们的确是从土地上赚了很多钱，但他们也在做一些对

亚当·斯密

迈克尔·米尔肯

英法战争中的罗斯柴尔德家族

社会有益的事情。

比如，斯坦福大学那块地就是斯坦福捐出来的。最初，斯坦福从那块地上赚了很多很多钱，后来他最喜欢的一个儿子死了，他心里有一种愧疚感，就把那块地捐给了大学。也就是说，当人冷静下来以后，才会想到这些人在美国经济发展中、在美国社会进步中是很大的推动力。这些人具有双重性，例如摩根，他在美国的黄金危机时期发挥了很重要的作用。当时是纸币金本位制，银行需要充足的黄金储备以保证币值的稳定，但当时美国的黄金储备一下子下降，大概只有正常储量的40%，发生了很大的危机。后来，摩根就到欧洲想方设法地募集黄金。还有1907年的美国金融危机，摩根在这次金融危机的救治上起了很重要的作用。这就是从两个不同的方面来看待这些大亨，既承认他们的积极作用又承认他们存在的问题。在问题方面，美国是如何防治的呢？美国后来成立了中央银行，促进进步运动对寡头们的约束甚至严厉打击。一直到罗斯福新政，美国政府采取了一系列措施去约束、克服消极的方面。

我想，总是有人会把各种各样的事情，用阴谋论的观点加以解读。作为一本通俗读物，这样的内容是很有吸引力的；但是作为一种严肃的理论来讨论，意义好像就没那么大了。在20世纪90年代的时候，有一种阴谋论也是非常吸引人的。有一位美国人，他用这个来解释一两百年以来的事情，所有的事件，包括当前的事件，把这些事件都归结为某些金融机构的阴谋。后来，他讲到了基辛格，说基辛格是某金融机构豢养的人。正好发展研究中心组织了一次高层论坛，基辛格前来作讲演，有一位中国听众就提问，说美国有一个杂志，说你是某金融机构豢养的。基辛格就说，这个问题我不想回答，你们可以去查一查这位作者，他是一个被判刑的刑事犯罪分子。

我就去找了这位先生的书来看。这位先生说，帝国主义现在依然控制着世界，施展各种阴谋，包括对中国施加阴谋。我仔细看了看，发现这本书从头到尾都是阴谋，包括马克思、恩格斯，都被他说成是某金融机构豢养的代理人，或者是特务。总是有人会用这样简单的办法去解释，你不可能一一去反驳。

不过，罗斯柴尔德家族确实有很多优秀的策略。因为罗斯柴尔德家族在全西欧各国都有兄弟、亲戚，它也利用了各国之间的矛盾，比如英法战争什么的，但是基本的技术还是资本市场的交易。如果反过来说这些国际事件是他们的阴谋，那就本末倒置了。在当时金融市场很不健全的情况下，这些活跃的银行家们，会利用各种漏洞谋取利益。一直到现在，他们仍然会这样做。但是如果把事情颠倒过来，说这些事件本身是他们阴谋操纵的，就把历史看得太简单了。不管是多么大的金融机构，都要拥有自己的一种权数，某种计划。

其实，所有的人都有双重性，在制度不健全的情况下，一个人因为人性的缺陷会做出一些什么事情来，谁都不能预料。所以分析经济事件，要从总体出发，而不是简单地站在道德的高低上去进行批判。包括最近发生的高盛事件，到现在具体情况并不明确，这就需要有一个很好的法制体系。到底谁说得对，还要经过仔细分析，一个好的法制体系应该会把所有这样的问题弄清楚的。

资本市场与大国崛起

1492 年，崛起了 9 个大国，梳理下来会发现，保持可持续发展态势的仍然是大国，究竟资本市场和大国的崛起有没有必然的关系呢？荷兰依然有壳牌、飞利浦等国际大公司，但荷兰现在跟当年完全无法比拟了，毕竟已经是不同的时代了。这还是要从生产的基础说起，因为自第一次产业革命以后，整个世界经济才进入一个增长时代，全世界的年平均增长率大概是千分之几。还有一个最重要的因素，那就是增长模式发生了改变。在增长时代到来之前，世界经济的增长是靠自然资源，靠土地。这个阶段，就是很有名的“马尔萨斯陷阱”。

那时，经济学之所以被认为是一门阴郁的科学，就是因为自然资源是非常有限的。第一次产业革命以后，世界经济为什么进入了一个增长的时代，突然增长加速？就是因为资本这个要素变得越来越重要了，而资本的配置在经济发展中起了决定性的作用。那么是谁来配置资本的呢？靠的就是金融。所以一个好的金融体系跟一个国家的经济崛起是绝对有关的，因为你只有有一个好的金融体系，有一个好的资本市场，你才能够有效地配置资本资源，而资本资源是一个最重要的生产要素。

在这种情况之下，两者就有必然的关系了，一个发达的、健全的资本市场和一个国家的自强、崛起是有必然关系的。如果靠战争掠夺等，短时期能够使得一个国家变得很强大，但是这种繁荣却不能持久。从英国的伊丽莎白时代可以看到，整个西班牙的财政和金融其实是一种破产状态，所以无敌舰队被打败虽然是一个偶然的事件，但是，无敌舰队的没落，西班牙的没落肯定是一个必然的事情。我想，根本的原因还是在于经济，西班

美国国会图书馆

牙的经济无法支撑西班牙的持续发展，西班牙没有一个好的资本市场和金融体系。

后来的英国、美国包括日本，都有与大国地位相匹配的资本市场。不过，我们看日本要看 20 年以来的历史，因为日本迅速形成的金融体系有很大的毛病，所以到现在，什么时候能够走出这个阴影仍是未知数。

金融危机下中国的位置

未来中国的金融要开放，而且也要建立成熟的资本市场，那么中国的位置在哪里？我们应该从两个层面去分析，一个是从整个世界的金融体系出发，从这个层面上讨论中国应该起什么样的作用，怎样才能使中国的金融体系健全起来。另外，我们还要考虑，怎么能够完善自己的金融市场，如何才能健全金融体系。从第一个层面来讲，改革以前，我们在世界经济中处于一个很弱小的地位。即使在改革前期，中国的经济总量在世界上、在世界贸易中，也只是起了一个很微小的作用。那么，经过30年的改革开放，应该说现在的中国确实是世界经济体系中一个举足轻重的角色。所以，中国怎么在国际金融体系中扮演一个好的角色，怎么完善国际金融体系，使得世界金融体系有利于中国，也有利于全世界的稳定发展，现在已经提上议事日程。要做好这件事，首先需要总结当前的世界金融体系出现了什么问题。这次的金融危机有一个很好的正面效果，就是说，暴露了这个体系的弊端。如果我们能够很认真地去研究，就会得出一些非常积极的结果。当然，这个金融体系的主要问题还是一些大国、强国，他们在世界金融体系中扮演着一个主导的角色，因此他们内部的失衡，他们政策上的缺陷，都会造成国际金融体系上的问题。

中国四大银行

很多人在金融危机的过程中出现一种幻觉，觉得我们的招行都可以跟花旗媲美了，我们的工商银行都是花旗的好几倍了，觉得中国人很行，真的是这样吗？从资产总量来看，我们的四大银行都在世界前面了。但是从资产的质量、金融制度的效率，应该说是差得很远的。比如说我们现在的企业改革已经基本完成，二级公司基本上都实现公司化了，但是观察我们这些公司的运作，你就可以看到，在整个资本市场，我们这些公司，那都是还差得很远。作一个简单的对比，我们有好多国有企业二级公司公司化以后，又有A股，又有红筹股，或者是H股；有海外上市的，也有国内上市的。但是你看红筹股公司和A股公司的运作，就差得非常远，明明是同一家公司，为什么差得很远呢？因为红筹股公司是在香港的资本市场上运作的，而A股公司是在内地的资本市场上运作的，虽然都属于中华人民共和国，但香港特区的资本市场，他们的一套规则是英国人留下来的，是跟国际接轨的。我早期在A股公司里当过独立董事，在红筹股的公司也当过独立董事。

我们每碰到一个问题，自己拿不准，都要咨询顾问律师和会计师。内地和香港的律师表现出来的差别太大了。在我们国内，一般来说，律师都说这样是可以的吧，只要证监会同意就行；但是在香港可不行，律师得查条例，他会告诉你哪一个条例怎么规定，如果这么做你会遇到什么样的风险，如果弄不清楚还得回去再查。要做到这样不是很简单的，不是说我们做一个动员报告，告诉大家一定要依法办事就可以了，不是这样的，这些都是由专业人员来做，来支撑这个资本市场的。如果没有这样的专业群体，仅凭做几个动员报告，搞几次运动，解决不了问题。这种专业群体的形成也不完全是靠学校，而是在这个环境中运作，逐步形成一个知识体系，还要形成一种文化，所以这不是三天两天就能够解决的。我跟银行的朋友们谈起来，说起咱们这些银行，资产总量已经在世界前列了，但是它们自己的领导人也认为，自己的经营模式、风险控制，跟国外的银行比起来，还差得很远。应该说，四大银行中有三个已经上市了，进步非常快，但是人家经历了上百年的磨炼，所以我们应该看到，这个差距还是很大的。

政府和市场的边界在哪里

政府跟市场的边界，实际上是建设一个健全的市场经济制度很关键的问题。西方国家是从 13 世纪大宪章开始的，经过几百年才把这个界限划清楚了，不是一蹴而就的。

在我们的条件下，特别是东亚国家是一个后进国家，高速度地赶超那些先行国家，并不容易。就像有一位发展型的经济学大师讲的，后起国家赶超先行国家有一条经验，那就是能够发挥政府的作用。就是说，有效率的增长靠市场配置资源。但是，市场的形成要经过几百年，当你的市场还没有形成的时候，你需要高速度赶超。你等不了，于是就由政府去发挥一些协调的作用，来保证资源的利用能够达到生产可能性边界。否则，你就无法实现高速度的增长，与目标离得很远，因为没有协调机制，没有市场去协调。所以，东亚国家创造了就是所谓的政府主导的市场经济，在市场还没有形成以前，先由政府代替市场做一些协调的工作，这样就提高了赶超的速度。这是从日本开始的，我们也一样。

我们在 20 世纪 80 年代的时候，设想的改革目标是，建立一个政府主导的比发达国家的市场经济作用更大的东亚式市场经济。这种做法是一个好的战略，但是却有自己的毛病，就是政府对于市场的干预太多，会出现很多问题。第一就是会降低效率，因为政府没有充分的信息，它去配置资源的时候常常误配，降低效率。第二就是会形成腐败，所谓的寻租，就是把权益搅到买卖里面去了，于是腐败就蔓延开来。虽然分析的时候，第二条是排在第二位的，但是第二条的反作用非常厉害，会形成一种新的利益，这种利益就会妨碍进一步的改革。以至于虽然有一个好的改革，但是却牵扯到各方的利益，扭曲了改革的本意，把一个好的改革变成了有可能寻租的机会。比如说土地批租本来是市场化，比以前的土地调拨应该更有效率，但是，掌握了这种权益的利益既得者却可以扭曲它，将其变成可以利用权力贪污受贿的机会，甚至是把利益输送给自己的亲戚朋友的机会。于是，

美国纽交所

到了这个世纪之交，我们的改革到了深水区，到了改革大的国企垄断企业的时候，到了重新配置重要资源权利的时候，你就会看到，阻力变得非常大了。

特别是2003年以后，经济发生了过热，在怎么处理过热的时候，就出现了两种不同的做法了。一种做法是进一步市场化，用宏观管理、总量管理解决问题。另外一种是加强微观干预、项目审批等，采取行政控制的方法，或者是政府限价等一系列的行政措施。后一种更加有利于寻租。从那个时候起，政府的边界似乎在往外扩大，不是像我们原来想的那样，当市场形成以后，政府就逐渐退出市场，做它应该做的事情。相反，它的边界外扩，甚至还出现了国进民退这样的现象。这对经济持续较快增长造成了很大的危险。我们从改革开始的时候就说要提高效率，到了“95计划”时说要转变增长方式，到了第17次代表大会说要转变经济发展方式，提了二十几年，为什么还是转不过来呢？这就是一个体制问题，体制最大的障碍在于政府的干预，政府调动资源搞政绩，搞GDP主义。

资本市场的有效性碰到的最大障碍在哪里？这是最根本的问题，从理论上说，市场是有效的，因为这种信息结构是一种成本最低、最有效的信息结构，但是这个市场的有效性前提是什么？这叫做完全信息假定。就是说，所有参与交易的人，都具备完全的信息，但是这是一个理论上的假定。在现实生活中，信息往往是不完全的。在资本市场上，这个信息是严重不对称的。就是说，股票市场一般的散户所掌握的信息，是很少很少的；而内部人，也就是这个公司的管理层，他们掌握了很多的信息；还有一些投资银行等的专业人员，他们也掌握了很多的信息。所以，这个证券市场的有效性就受到了一个最大的限制，因为信息不对称，买卖双方的信息不对称，问题就经常出在这里。所以你看，股票市场上，最重要的一个犯罪，就叫内幕交易，内幕交易是怎么回事呢？就是内部人掌握着好多信息，是散户根本掌握不到的，不知道你这个企业现在到底是赢利还是亏损，年报没出来就什么都不知道，而内部人士知道，如果内部人士利用这种信息进行交易，就是一种犯罪。另一种犯罪是操作市场，操作市场就是放假信息，故意误导一般投资者。问题就出在这里了，金融舞弊、诈骗等，它所依托的是资本市场本质性的缺陷。所以，要使资本市场健全起来，一方面，要保证让信息的弱势掌握更多的信息；另一方面，要让企业、内部人，及时以及如实发布信息，而且要防止他们利用手中所掌握的特别的信息牟利。

耶鲁大学管理学院金融学终身教授
陈志武
金融市场曲折向前发展

他生于中国湖南省
他是美国耶鲁大学金融学终身教授
他提出疑问"为什么中国人勤劳而不富有"
他始终关注中国转型过程中的市场发展
他说中国经济 他说华尔街

金融的发展

金融的发展首先是经历了商业金融阶段，13 世纪以威尼斯和佛罗伦萨为中心，巴黎以及西欧的一些国家的港口城市互相之间的贸易越来越多，跨地区买卖商品用银子或者黄金支付。这个时候钱币的运输越来越艰难。

所以第一阶段要解决的问题，是跨地区的贸易汇兑或者结算方面的金融需要。简单举个例子：一个北京人从深圳买来一批电脑，作为买方不想先付钱，要等电脑到货以后再付款；深圳的卖方考虑到交易风险，需要买方先汇钱，否则不予发货，最后二人之间没有达成合作。从这个例子中就看出了一个问题，到底是应该卖方先发货还是买方先付钱，特别是这种相对遥远的两个地区之间的贸易，如果没有银行或者金融机构在中间提供信用增强服务的话，就会像例子中的电脑买卖生意根本无法发生。所以在中世纪，特别是中世纪后半期也就是 13 世纪、14 世纪、15 世纪的时候，首先在威尼斯、佛罗伦萨包括罗马在内的当今意大利的港口城市和今天的比利时、荷兰的阿姆斯特丹、巴黎等，这些西欧国家的主要城市在中世纪后半期，彼此之间的贸易越来越多，由此产生的商业金融、商业支付的交易、跨地区交易、贸易发生支付需要的时候，自然就会给那些在欧洲能够从事金融活动、有金融概念的、信用比较好的、关系网比较强的人提供了发展商业金融的机会。这些活动在当时的威尼斯和荷兰的阿姆斯特丹发生得比较频繁，这就是早期的金融中心在威尼斯和阿姆斯特丹建立的主要原因。那个时期的金融特色主要是解决地区之间贸易支付带来的挑战。

第二阶段的金融发展是在 17 世纪末期到 19 世纪，主要中心在伦敦。伦敦作为世界金融中心的时代，一方面继承了早期的世界金融中心阿姆斯特丹的特点，商业金融在伦敦作为世界金融中心的时候是非常重要的金融交易内容。但是伦敦作为金融中心区别于阿姆斯特丹的地方在于公债市场。这个市场主要是在 1688 年英国光荣革命以后，特别是 1691 年英格兰银行成立以后一直到 18 世纪、19 世纪英国在进行海外扩张的时候，使得整个英国政府面对资金、扩大海军、发展资金的需求，逼得英国政府发行更多的国债、公债来给英国的发展提供资金的支持。

第三阶段就是当今的金融中心，纽约。我们知道股票市场、股权交易早在荷兰和 16 世纪后半期、17 世纪的英国就开始多起来，但是股票金融、股权金融或者说更广义的企业资本金融、资本市场这块的发展，更多的是 19 世纪末期纽约从英国、荷兰的手里把金融技术学习过来以后，让纽约得以在 19 世纪后半期取代英国伦敦成了新的世界最主要的金融中心，这个时候我们才看到以股权为核心的资本市场金融。这是纽约作为世界金融中心有别于伦敦作为世界金融中心的核心特色，就是它将股权金融做大的过程。

荷兰阿姆斯特丹大学

早期的威尼斯和荷兰的阿姆斯特丹作为世界的金融中心，主要特点是商业金融，还有就是所谓的现代银行；到了17世纪末期，特别是到了18世纪、19世纪上半期伦敦作为世界金融中心，它的主要特点一方面是商业金融，另一方面就是国家或者政府的公债市场越来越发达，这是伦敦作为世界金融中心的最大的特点；到19世纪后半期、20世纪，纽约成为世界金

荷兰阿姆斯特丹股票交易所

伦敦金融城

融中心的时候，它继承了商业金融、政府公债和企业债券市场金融，但是纽约更多的是把股权金融市场发展得越来越深、越来越广。

股份制、股份有限责任公司

股份制、股份有限责任公司在很多经济学家，特别是经济史学家、金融史学家看来，股份有限责任公司的发明可能是过去世界五六百年最关键的一个发明。现代金融市场的发展和股份有限责任公司这样一个法律制度上的创新，或者说是商业组织、商业制度上的一个创新，之所以对于现代金融史这么重要，就是因为现代金融市场跟以往的传统金融市场最大的差别就是股权。企业债券这种新的债券品种为创业者、为企业家、为企业在扩大业务，在更广泛的社会范围之内收集、融集资金，然后由上市公司或者没有上市但是想要去发行企业债券的那些公司去发行股权，他们的管理层可以有足够大的自由度和抉择权、管理权，把社会上千千万万个普通的人，无论有钱或者没钱的人，把他们的资金汇总起来，然后企业的管理层、管理团队可以自由地去支配、去使用、去管理。而如果没有股份有限责任公司的话，这些就很难实现。换句话说，现在的股票市场、债券市场实际上是给那些在办公室里，在政府机关工作，在大学里面当教授，一般的普通工人或者企业员工，让我们这些不是管理企业，不一定是从事企业商业运作的个人，也能够有机会通过买不同的股票债券或者基金，以这种方式参与到公司的业务中。但是我们可以把我们存下来的钱，我们的结余积累起来的财富通过买卖这些证券投资品种从整个社会的经济增长、商业发展中分享到一部分财富和红利，得到资产升值的好处。

但是，我们每天在正常的情况下关注的问题不一定是资本市场，也不一定是企业到底是赚了哪些钱、做了哪些交易等，只是公司的管理层应该让我们了解一切企业的经营情况，让我们这些外部的被动投资者能够放心，

年轻时的比尔·盖茨

让我们愿意把我们辛辛苦苦赚来的钱委托给上市公司、非上市公司或者非上市企业的一些管理层，由他们去使用。

在 16 世纪的英国、荷兰，他们想要加入西班牙在海外进行的远洋贸易。但是很明显，跟今天一样，当时英国伦敦和荷兰阿姆斯特丹的人，他们有钱，却不一定想要亲自跟着商船前往印度、中国或者北美、拉美国家进行贸易，但是他们愿意参与海外贸易的冒险活动，大家都想赚钱，但是没时间远洋旅行，又不想让自己的生命去承担在海洋贸易上所必须面对的方方面面的风险。十六七世纪，据统计，当年一些荷兰、英国、法国的商船，大概有一半以上在出发后都无法回国，出海的人在海上或者在其他国家做生意的时候就死了。所以，当时无论是投出去的钱，还是出海做海外贸易的商人面对的风险都是非常大的。在这种海外贸易风险如此之高的情况下，那些不愿意出海冒险，而又想要把一些钱拿出来做投资的伦敦人、荷兰人也想获得利益，可有什么办法可以保证留在英国、留在荷兰的这些第三方的投资者，他们愿意把钱委托给出海的这些商人，由商人来全权支配，这个时候就有必要做一些制度上的改革。所以“有限责任”这样的安排是非常关键的，因为股份有限责任这一条可以让第三方投资者得到一个更放心的保证。也就是说，作为投资者，如果今天出了 100 元钱参股到商船或者新的公司，那么你今天投的这 100 元钱的股本投资有可能会全部赔掉或者部分赔掉。但是，不管要出海的这些商船或者要新开办的这些公司亏损多少，发生什么意外，那么我作为被动的第三方的股东，最多亏损的也就是在我责任限度内最多不超过我投进去的这 100 元钱的股本，这就是所谓有限责任公司的“有限责任”的含义。

我们可以退一步想一想，如果没有有限责任这一安排，而是像传统的中国或者传统的欧洲社会一样的，任何一群人要一起做生意或者是借别人的钱去投资，如果我投资的这个项目最后亏损非常严重，我就要承担巨大的损失。因为亏损的原因有很多，一种可能是天灾人祸；还有一种可能是掌握投资资金管理权的人不负责任，如果责任是无限的，也就是说我把这 100 元钱交给某人去管理，而这个人作为我们一起投资的这个公司具体的经理、具体的决策者而不负责任，由此给整个项目带来的损失非常大。这样一来，总的损失超出所有的股东当初投资的资金总数，而且超出的损失还要投资者继续承担，就像中国古

美国纽交所

代的父债子还。按照这样无限责任的概念建立企业的话，一般来说，只有创办这个企业的创办者才会拿钱出来发展企业，如果要想在他的家族之外更广泛的社会融到很多资金的话，就会非常困难。所以这就是为什么对于现代的金融市场、资本市场来说，更主要的是有限责任（不管是股份有限责任公司也好，还是一般的债券或者任何意义上的证券都包含有限责任）。如果没有这些“有限责任”的安排，要让千千万万的普通人（中低收入家庭）把辛辛苦苦赚来的钱交给那些素不相识的人去管理、去使用，就会非常非常困难。所以这就是为什么“有限责任”这样一个现代的法律制度所支持的一个商业安排对于现代金融市场的发展是非常非常关键的。

美国的股票市场

金融中心由伦敦移到了纽约，股票市场对于美国社会、美国现代经济或者全球现代经济的影响巨大。这个话题有很多人谈过，至于为什么美国是全球所有经济中创新活力最强、科技发明创造、新的创业精神最强的一个地方，很多人会觉得这是由美国文化所决定的。因为美国人喜欢冒险，也喜欢创业，喜欢去发财致富。其实要我看，美国之所以有这么强的创新文化、创新精神、创业精神，这些都是后生的东西，并不是美国人血液里面就比中国人，比其他国家的人更能够创新，更能够创业。

为什么美国的创新精神这么强呢？其中一个非常重要的原因，就是股票市场、股权交易市场在美国优先于所有其他的国家，股票市场在美国最先发展起来，经过了充分的发展过程，所以，美国创新精神强跟这个关系非常紧密。其实道理很简单，因为在我们看来，资本市场的第一个功能实际上是对未来作定价。除了对未来作定价之外，资本市场也可以让你把未来的收入预期以具体的方式得以变现。

具体来讲，比如大家都知道微软的比尔·盖茨。他不到 30 岁的时候，

20世纪80年代就成为了上亿美元富翁。而他今天的资产是600亿美元，为什么？我女儿以前也问过这个问题。为什么盖茨的个人财富可以达到五六百多亿美元，他一个人一年也就是365天，一天也就是24小时，他为什么能够有这么多财富呢？

美国芝加哥期货交易所

其实盖茨500多亿美元的个人财富是跟我们传统的中国，和任何传统社会所理解的财富完全不一样的。主要不一样的表现是，盖茨的500多亿美元更多反映的是未来微软的收入预期，今天提前作了一个定价。他也可以提前通过出售股权，把这500多亿美元的定价变现。换句话说，正因为有了股票交易市场，有了这样一个对未来定价的机构，才使得我们知道微软未来的价值这么多，划分到盖茨的股份层面上，让盖茨今天值500多亿美元。换句话说，盖茨的500多亿美元的财富更多的是股市对未来微软的收入定价的结果。这就会出现盖茨二十几岁的时候，就已经是个拥有上亿美元的富翁。

再说说今天的中国，拿李彦宏当例子，37 岁的他通过百度上市，成为一个拥有 10 多亿美元的富翁。江南春也是在 33 岁的时候，就成了拥有上亿美元的富翁。到了今天，中国二十几岁、三十几岁的亿万美元的富翁就更多了。所有这些年轻的亿万美元富翁的故事，实际上不只是在今天的美国有，在过去 100 多年的美国一直都有，已经有过千千万万个像盖茨这样的富翁，甚至于已经出现了十几岁的中学生也可以成为亿万美元的富翁的例子。之所以有这么多的故事，完全是因为资本市场的作用。而不断出现年轻富翁的故事，在过去 150 年左右的美国社会，已经刺激了、激发了一代又一代的年轻人、中年人，让他们看到，通过创办自己的公司，可以把自己的创业理念、创新的理念变为公司，变成现实。然后让他们的公司上市，用股权市场给他们公司的未来作一个定价以后，才使得一个二十几岁、三十几岁的年轻创业家发现他已经有几十亿美元，或者几百亿美元这么多的财富。长此以往，使得整个美国文化里面就包含了通过创业、通过创新可以很早实现财富的文化基因。

亚历山大·汉密尔顿

这就是为什么在今天的中国，我们会看到汇源公司的老总朱新礼在2009年说，把企业做儿子养，像猪一样卖。在我看来，朱新礼先生这句名言，实际上是最贴切地反映了因为华尔街、因为美国非常发达的股权交易市场，给现代的年轻人、中年人提供的个人创业、个人财富故事的这样一种手段和由此带来的新的商业模式。所以从这里面我们可以看到，美国社会之所以是世界所有国家里面最有创新活力、最能够创新创业的国家，完全是因为股权交易市场在美国社会相对于所有其他的国家最先发达起来。由此提供的激发更多的年轻人去创业的这样一个架构，对未来收入作定价的一个机器，是美国成为世界上最大的、最活跃的创新国家的最核心的基础。

华尔街公司强大的融资能力

华尔街公司具有很强的融资能力，不管是美国政府要发国债，还是IBM要发行股票，他们都能提供资金。之所以华尔街这些公司，可以一夜之间，或者几天里面，随意地、轻松地就可以把几十亿美元融资的需要实现了。主要的原因是这些华尔街公司有非常庞大的客户网络。

按照以往的传统观念，我们可能会想一个公司，它值多少钱？它有多少资产？以前我们总是喜欢以这个公司拥有多少地，拥有多少楼房，拥有多少机器设备，用这些有形资产来判断一个公司值多少钱，但是实际上对现代经济，特别是对华尔街这些公司来说，它们的最大财富、最大资产、最大价值，不在于它们拥有多少楼房，甚至于多数的华尔街公司，它们办公的这些办公楼，都不是他们自己的，而是租来的。所以按照有形资产去评估这些华尔街公司的话，它们基本上除了那些电脑、桌子、椅子以外，可能没有什么太多的有形资产。

为什么那些华尔街的公司会值几十亿或者几百亿美元，甚至上千亿美元。主要这些华尔街公司，不管是银行、投资银行还是基金管理公司，它们最大的、最核心的资产是他们的客户资源。我跟着摩根大通那些经理去了意大利、伦敦、瑞士，跟着他们到中国香港、新加坡、巴西，还有美国各个不同的地方。我亲眼看到像摩根大通最大的资源就是它们遍及在全球的理财客户经理。这些客户经理把每个地方的有钱人和他们的子女自然情况了解得非常清楚，年龄多大，在哪里上学，什么时候可能上大学，什么时候可能结婚，甚至这些人家什么时候要到哪里去度假，都了解得非常清楚。

通过长期接触，这些理财经理、客户经理在全球各个地方，代表摩根大通，把他们的客户方方面面的生活细节和他们的需要都了解得非常透彻，然后给他们提供理财建议，做财务顾问，甚至帮助那些不同的家庭、不同的有钱人的家族、家庭解决他们生活需要和家庭矛盾等。通过遍布全球的客户经理，把摩根大通的信用跟这些客户、个人和家庭的关系，不断地培植，建立了非常稳定的关系。

可以想象一下，摩根大通的经理，每天都去通过培植这种客户的关系，使得摩根大通不断获得信用。一旦摩根大通要发行100亿美元的债券时，他们就可以比较轻松地通过跟这些长期培植的客户建立的信用关系，让这些有钱的家族和个人相信摩根大通的经理给他们推荐的这些股票、债券，进而购买。

这就是为什么在我看来，所有的现代华尔街金融公司，它们最核心的资产不是它们有多少楼房，有多少机器，有多少台电脑、椅子、桌子，或者是机器设备，不是这些东西，而是它们掌握的客户资源，具体来讲是它们跟这些千千万万个布满全球的客户建立的信任关系，这些信任关系、信任资源是华尔街公司最核心的资源。也正因为是这些客户资源，使得华尔街公司可以比较轻松地就融到几十亿美元、几百亿美元这么多的资金。

美国的金融市场

美国金融市场的开端，主要是从1790年汉密尔顿的旋转门计划开始。1790年年底到现在的200多年中，金融资本市场不断发展，其监管机构基本上分为 5 个不同的角色。

第一是投资者层面，就是市场本身，投资者和现代的投资分析师等。这些都是市场的监督群体，这是最重要的。第二是新闻媒体，他们虽然没有权力，但是对上市公司各方面的证券也发挥了不可忽视的监督作用。第三是评级公司、审计公司这些是比较专业化、职业化的监督群体。第四是政府的监管部门，像美国或者中国的证监会。第五就是立法机构，像中国的全国人民代表大会或者美国的参众两院、国会。

这五个层面发挥的作用都不一样。简单地说，在中国之前只强调监管部门——证监会，主要是对资本市场在阳光交易、信息披露、信息透明方面的作用，但是退一步来讲，证监会的工作可以做得很好。比如中国、美国要求上市公司每个季度都要披露一次财务状况，向市场、证监会提交一

纽约街头

次财务报表，有什么重大事件的时候要在规定的时间内向外界公布。但是话又说回来，财务报表每个公司都可以做，每个季度甚至每个月都可以做。每次发生重大事件重大交易的时候可以很快地在一小时之内作信息披露。

但是仅仅有监管部门、证监会要求的信息披露肯定是不够的。因为谁都可以作信息披露，但是披露的信息到底是有用的、准确的，还是不准确的，仅靠证监会作这种调查是不可能的。不仅在中国，在美国或者其他的国家证监部门人员非常有限，他们也不一定有这个精力真正地去对每一个公司披露的信息作详细调查，去看有没有漏洞，有没有虚假欺诈的信息。而这些工作，在美国往往会由新闻媒体来解决。因为新闻媒体的商业模式决定了他们不会去找太多的好消息，因为新闻媒体如果能从上市公司提供的信息里面找到那些虚假的，甚至是完全虚造的内容的话，通过新闻媒体的报道，他们的销售量或收视率都会大大增加，提高他们的知名度。所以新闻媒体有这个职业需要会激励他们去找这些黑洞，找这些瑕疵，这样可以使新闻媒体本身受益。而这种激励远远比证券监管部门的打假要好很多，跟市场参与者、投资者的利益更接近。所以这就是为什么安然事件或者其他美国的上市公司，基本上每个重大的虚假事件都是由新闻媒体最先发现并报道出来。因此阳光交易需要的监管机构不仅需要证监会这样的监督权力，也需要市场参与者有足够高敏感度，法院等立法机构有足够多的参与，但是更重要的是新闻媒体更广泛地放开手脚，对上市公司证券市场有一个连续不断的监督报道。

中国招商银行行长

马蔚华

金融创新势在必行

他出生于辽宁锦州

他曾是普通的农民和铁路工人

但他在而立之年踏入了大学校门

被列为全球银行界“2004年度希望之星”

“蒙代尔世界经理人成就奖”的获得者

他是中国金融学会常务理事

他是中国企业家协会副会长

他就是马蔚华

中国银行业是金融危机中损失最少的

中国的银行业在这次金融危机中损失几乎是微乎其微，这是什么原因呢？首先是改革开改 30 年以来，中国银行业经过金融业的快速发展，实现了由 30 年前的两千亿资产到现在已经超过 70 万亿资产翻天覆地的变化，从无到有，从小到大，中国的银行业确实实力不断增强，令世界瞩目。

第二是中国的监管环境越来越好。因为当初我在纽约申请牌照的时候，最早他们拒绝我的理由是招行本身没有问题，但是中国的监管环境有漏洞。他们认为我国的监管不完善，当时还没有反洗钱的法律，监管的手段方法都存在一些问题。但是这些年，特别是银监会和人民银行分设以后，中国监管的理念、法律制度和监管的手段发生了非常大的变化，越来越得到了世界的认同。

这两个原因应该是中国没有遭到金融危机很重要的客观情况。但是还有一点，我认为必须看到，虽然中国在这 30 年中发展得很快，但是金融业，特别是银行业国际化的水平还很低，中国银行参与金融市场的活动还是非常有限的。这场危机很多是在金融市场上发生的，我们还处在这个市场的边缘甚至是离海很远的地方，等于我们没有到海里去游泳，所以也不可能被淹死。这很侥幸，不等于我们有很强的抗风险、识别风险的能力。

金融危机是中国的机遇

金融危机之后，中国的银行业发展确实迅速，几大银行相继上市。在世界银行排名里，也都名列前茅，当然也包括招商银行。

2009年，美国波士顿咨询公司，这是一家著名的中介公司，把招商银行评为全球银行股本回报率最高的一个。2009年5月，当时美国前参议院银行委员会主席古莱姆说，招商银行被评为全球企业品牌成长型第一。2010年第一季度，英国的《金融时报》把招商银行评为全球银行市净率第一，招行成了全球银行估值最高的银行，我们对这些第一确实觉得喜出望外。但是我们冷静一想，我们得第一是有大背景的，原来那些常得第一的高手、强手在这次危机中倒下了。

这些年中国的银行业确实在全球化、国际化大潮中的发展令世界瞩目，但是我们今天怎么对待国际金融市场呢？怎么对待我们走出去，融入国际化的大潮之中呢？我想首先我们不能妄自菲薄，过去我们对华尔街的态度都是崇拜，因为那里是世界金融的中心，是世界金融王冠上的宝石，有很多传奇的故事。但是今天世界发生了很大的变化，金融危机使华尔街过去很多的神话破灭了。而且，过去被崇敬的许多银行和银行家，可能在危机中一夜倒下去了，我们后来者居然走到前面去。在这种情况下，我们必须客观地、实事求是地看待这个时机，看待我们自己。

所以，我们不能妄自菲薄，要自信。因为中国的经济发展依赖于中国的金融业发展，中国的经济全球化，中国的企业走向世界，那么中国的银行业，中国的金融业也必然走向世界，也必然国际化，这是一种不可逆转的潮流。我们有幸赶上这样一个年代，我们可以有自信心，坚定不移地走向世界。

因此说这场危机给我们带来了机遇，使我们成为第一，使我们成为名列前茅的金融企业。但是我们必须客观地分析，我们虽然在危机中没

美国好莱坞

有受过多的损失，虽然得了很多的世界第一。但是，西方的银行有上百年甚至几百年的历史，在几百年的市场经济发展过程中，它们也经历了很多的惊涛骇浪，它们是在大风大浪里走到今天的，所以即使今天这一场大浪可能把它们打下去了，但是毕竟它们经历了几百年的历史。而中国的银行业历史很短，招行才只有 20 多年的历史，我们毕竟还是一群年轻人，毕竟经验不多，毕竟还没有经历市场经济、国际金融的大风大浪。所以我们必须客观地看待这些，必须认真地学习，包括向在这场危机中受到挫折，甚至倒下去的那些大的金融企业学习，他们毕竟还有很多几百年积累的管理经验、市场经验。现在我们应该做的就是总结这场危机的经验和教训，把别人的教训变成自己的经验，然后提升自己的管理水平。如果我们能够认识自己的弱点，再抓住这样一个好时机，提升自己的管理水平，包括从管理的制度、手段、管理的方法，甚至管理的理念等全方位地提升，而且是适应国际化市场的发展，我们抓住这样一个有利的时机，把自己的实力打造好。

危机往往是重大历史的转折，对一个国家，一个企业，一个人都是如此，因为危机把事情的弊端都暴露无遗了，才出现危机。人们可以看到产生危机的这些问题、发展，可以解决。因为问题已经暴露出来了，可以解决长期解决不了的问题，而且危机可以使事情逆转，要不是这场危机，我想奥巴马当总统也不是一件容易的事。这里有人们对危机之后未来的一些美好的向往。布朗在当时危机的情况下，成了救市英雄。还有克鲁格曼，要不是这场危机，他也获不了诺贝尔奖。我想大的方面，中国的银行业在危机中显示了自己的实力，也增强了自己的信心，对未来中国银行业走向世界不断发展，我们也从正反两方面积累了经验。

过度消费致使世界经济不平和

美国人民长期以来都处在过度消费的状态，就是消费高于储蓄，美国的储蓄率一直是很低的，美国家庭的负债都大于资产，可能超过 130% 以上，美国长期的过度消费，实际上也使美国成为世界上最大的一个进口消费品市场。但是美国的消费也带来了亚洲这些国家出口的市场。

美国是低储蓄率，高消费，亚洲是高储蓄率，低消费，这显示世界经济的不平和，消费和储蓄的不平和，出口和进口的不平和。客观地分析美国的消费，他们有一个非常好的社会保障体制，美国人消费也是对经济的预期，美国新经济发展起来以后，特别是 IT 信息产业技术的革命，美国人那个时候对市场充满信心，所以他们的消费都超过了实际。金融危机以后不超额消费了，储蓄率最高的时候都 6% 到 7% 了，市场对未来的预见也是预见不好的时候不

美国早期移民

华尔街的光明与黑暗

消费。

美国人如果对经济看好，他们马上就开始消费，美国人是看将来经济发展得好，就买房子，而中国是看房价会不会走低，走低他就不买，继续观望，走高他就开始买，不同的市场感觉。所以美国把消费放在第一位，实际上是过度消费，是逐渐地使这种危机积累，成为最后爆发的可能。

格林斯潘实际上也是这样。美国"9·11"事件以后，经济受到很大的打击，当时为了刺激经济的发展，连续11次降息，把利率降到了1%，由于利率非常低，这样使很多本来买不起房子的人，被信贷机构劝导就开始买房子。买房子的多了就会带动市场上升，11次降息以后再逐渐把利率提上来，这样在利率最低点买房的人，当利率上升的时候，就还不起了。所以这些次贷就是危机的诱因，金融危机最开始的导火索就是房贷公司的倒闭。但是美国这些次贷机构，也包括银行，把次贷发出去以后，把它证券化了，银行本身不对这些债券负责了，证券化以后被投资银行包装起来，卖给各个投行和各个金融机构。但是当这些金融机构开始倒闭，评级机构突然降低它的级别，这就引发了债券的危机，开始是贷款的危机、次贷的危机、信贷的危机，后来变成了债券的危机。债券的危机再演变就是银行的危机，因为很多银行发行了大量债券，债券的评级降低，不值钱了，就出现了银行的亏损，这样就出现了银行倒闭，就变成了银行的危机，银行的危机引发了金融危机，进而引发经济的危机，这是一个过程。

华尔街——世界金融宝座的明珠

华尔街是实现财富梦想的地方，一批又一批名扬全球的金融家、世界金融大佬都是在华尔街产生的。所以华尔街的历史给人的感觉就好像是金融发展的历史，华尔街有很多的交易员、投资银行员工、分析师、基金经理，他们都拥有实现财富的梦想。华尔街，这里有众多的金融机构，有数不清的金融明星人才，还有数以亿计或者是万亿计的金融财富，还有富可敌国的世界级企业。在华尔街的发展过程中，也代表了世界金融发展创新的历史，而且人们也把华尔街当成一个孕育金融创新的摇篮。

很多的金融创新都是从美国，从华尔街开始的，从 1933 年《格拉斯–斯蒂格尔法案》的诞生，美国开始实现飞跃管理，当时诞生了美国独立的投资银行，投资银行是金融市场上创新最活跃的，在那个时候，华尔街就开始创新了。到了 20 世纪 70 年代，特别是到后来实行现代金融法案，议员古莱姆提出了现代金融法案，废除了《格拉斯–斯蒂格尔法案》，它的大背景是电子化的兴起。信息化的兴起，当时金融还是毁灭式经营，这种情况下，以华尔街为代表的金融创新就非常活跃。20 世纪 70 年代末期，对金融衍生品、期货交易，各种各样的债券都是非常活跃的，创新是层出不穷的。当时有一句话，华尔街，你有稳定的现金流，你就把它证券化，所以各种各样的证券产品眼花缭乱。一直延续到次贷危机，都是这些衍生品发展最活跃的时候，所以在人们眼里，华尔街就是孕育金融创新的摇篮。

华尔街也是一个资本逐利的竞技场，这场危机表面上看是债券危机、信贷危机、银行的危机、金融的危机最后导致经济的危机，但是从另一个层面，它是一种文明的危机，它涉及商业的伦理和道德。因为有人认为这场危机是美国过度宽松的金融监管制度，惯坏了华尔街这帮孩子。实际上在华尔街 300 年左右的历史中，这种事太多了，并不只是这次惯坏的，因为资本的本质就是贪婪，所以华尔街在某种意义上的代名词，就是逐利和贪婪。

从雷曼兄弟的“验尸报告”，就可以看到投行背后这种贪婪的本质。本来这些信贷机构，给那些没有还款能力的人贷款就孕育着危机；而这些投资银行家，又把本来就是一个不良的次债，打包成各种各样的金融产品；评级机构应该是神圣的，但是评级机构的人，某一些把灵魂卖给魔鬼当钱花，参与了投行衍生品的定价，因为他们有利益，评级机构都作出虚假的评级，那是欺骗天下；然后就是对冲基金推波助澜，上演了这次由次贷危机导致的世界金融危机。它的本质，应该是一场商业道德伦理的危机。包括格林斯潘也这么认为，华尔街行为的不端才导致了这场危机。我们必须看到，资本逐利的本性是贪婪的。

另外，从华尔街也可以看到，资本市场对一个国家经济崛起的重要作用，可以说华尔街是撬动美国经济的杠杆。从它的历史看，美国最早发行债券，给南北战争筹集资金，然后美国以铁路开始的这种重工业化的过程，这也是华尔街的资本市场之争，再到两次世界大战，华尔街的支持也使美国得到了越来越多的利益，一直到今天，美国从一个殖民地成长为一个金融帝国，资本市场对于美国今天的实力，美国成为世界的超级大国有着重要作用，所以我们也要从华尔街的发展历史上看到，金融的资本市场以至于新金融、现代金融对一个国家经济崛起的重要作用。

时任招商局集团董事长

秦晓

从华尔街发现金融的力量

他是中国国际信托投资公司总经理
他是招商局集团董事长和招商银行董事长
他是中国国际信托投资公司副董事长和中信实业银行董事长
他是第十届全国政协委员
他是清华大学管理学院和中国人民银行研究生部兼职教授
他是日本丰田公司国际咨询委员会委员

秦晓

金融业的异化和金融市场中的虚拟经济

金融业从实体经济的服务出发，走到今天，已经形成了一个独立的形态。比如说外汇交易和外汇买卖，以前每天的交易量大概是两万亿，现在已经达到了 6 万亿，但对应实体经济的货物交易实际上只占不到 2%。

虽然金融已经形成独立形态，但金融的产生和实体经济是相关的。实际上把经济推到一个新的高度和形态上，经济就像长了翅膀，效率和整体规模都会得到扩展，会达到没有经济时不可想象的地步。但是也可以看到，它会变成一个独立的形态游离出来。市场是“看不见的手”，这里指的是商品市场，而价格是一个信号。但市场并不是完美的，它存在很多缺陷。这需要假设每个人都是理性的，整个社会都归理性，配比资源的方式也是理性的；假设市场经济的信息是很重要的，经济学家们会研究这些信息是否完备、是否对称。但实际在金融市场和实体市场分离时，这种假设是很难成立的，比如说经济复苏时，实体经济还没有真正复苏，股市却起来了，这些事情会使信号发生错乱，错乱就会误导人们配置资源的行为，比如投资行为或消费行为。近期这次金融风暴的产生，从微观层面来讲，就是过度杠杆化引起的，当然过度杠杆化不仅表现在银行，也表现在家庭，甚至是个人的企业。

格林斯潘为了刺激美国经济，结果造成资本价格的扭曲，很多不该投资的也投资，这也是一个层面的问题。微观层面和监管层面的问题是对一些证券化产品风险的识别、评级不够。这也可以追溯到大的背景，就是全球化。全球化以后，中国制度发生了大变革，同时也提供了一个大空间，使生产活动、经济活动特别频繁和活跃，进而创造了更多财富，这时就出现了一个进展的程度和实际状况是不是失衡的问题。比如美国的过度消费，过度消费就需要便宜的商品，中国提供了便宜的商品；过度消费需要资金，通过杠杆调节来提供资金，所以这存在一个结构的问题。但回过头来，虽然金融业现今从实体经济服务变成一个独立的形态，可这个问题还是没有得到解决。比如保尔森当财长时，他让雷曼破产是做了很多工作的。他在两三个月以前就吹风，说雷曼有问题，他希望所有银行和雷曼的客户都会慢慢和它切断关系，这样当宣布破产的时候，会像一个定向爆破一样，周围都没有事，不伤及无辜。可结果却并不是这样，这就说明像保尔森这样的人，或是美国金融界这样的人，都不知道金融是什么，它到底会走向哪儿。一个精心设计的定向爆破造成了一个地震式的灾难，有很多东西并不是现在就能说得清。

假设你是一个主权国家的中央银行行长，当发行货币的时候，奥地利派人去询问你是凭借什么决定的货币投放量，因为他可以根据联邦储备银行的利息来决定利率，决定利率就决定了投放量。而你怎么决定投放量呢？你的合法性在哪儿？货币是全球流动的，可是每一个国家的货币政策是由一个主权国自己决定，一个主权国自己决定货币政策会导致全球有何变化？

美国财政部

这种变化没有全球治理，也没有全球的统一货币政策，这就是摆在我们面前21世纪需要去解决的问题，你要不理它，这个危机就不会得到根本的解决。

经济学人的方法论

一个人能否称得上人才有很多标准，能力、知识、见解以及判断力，当然和他的经历、教育也是有关的。但是在识别一个人是专业人员还是非专业人员时，却有一个很标准的判断，那就是他的方法论。学过经济学的人有一套严谨的方法论，我的假设条件是什么，我的相关变量是什么，我可以根据这些作出相关的模型。在市场中做金融很多时候要有一个模型，这个模型的建立必须是可以加变量的，形式可以不一样，但框架是需要一样的，因为框架是不能不相同的，就像中医和西医对话一样的，框架的不同导致彼此根本听不懂对方的意思。有好多电视台和报纸上讲怎么做股票，阴线、阳线等，你看不懂那些东西，是因为你没有深入到这个领域。当然每个人对这个判断会有差异，有些人可能认为这个变量更重要，有些人认为那个变量更重要，这不要紧，是正常的。有一个人讲过，科学和艺术的差别有一个很简单的说法，科学是用同样的方法得到不同的结论，艺术是用不同的方法得到同样的结论，艺术最终都是一个终极关怀，都是生死爱恨、人性，但是所讲的故事是不一样的。而科学刚好相反，科学用的方法一样，得出的结论却是不一样的。

《华尔街》的价值

我觉得这还是很大胆的尝试，我也很赞同这种表现形式，并不是所有的事情都可以通过学术文章讲清楚的，需要用大众方式传播这种文化、理念。人类发展的每个阶段，或者是从长远来看，都有一些终极问题是很难讲清楚的，可能就是在一种两难中来探讨这个问题。要想把人类终极问题讲清楚，一定是一个谎言，是一个宏大的叙事。人就是在各种矛盾中平衡各种矛盾，所以，我们讲金融的时候，有它的必然性、它的产生。我的看法就是把经济活动提高一个等级，抬到更高的形态上去做，而且没有退路。虽然也会带来很多问题，比如经济上的运作矛盾，我们应该是有能力逐步应对这些问题，并且改变这些问题的。当然这个问题，是不是应该短期地改变，是不是有一个好的药方来改变，其实也没那么简单，但是我认为人类有足够的智慧去慢慢地认识它，改变它。中国还是一个金融业相对不发达的国家，中国面对的是两个问题，一个是金融业现在不发达，自由度不高，产品不够丰富，服务还跟不上，这就需要进一步开放，进一步自由化，进一步让金融业的深度和广度提高、加深。另外一个是经验，西方发达国家走过来的道路给我们提出一些警示，金融业本身是有巨大风险的，我们历史上也发生过不良资产大量出现的问题。

中国经济是比较容易过热的，可能有一些早熟的现象，资本市场虽然规模不大，但是泡沫的产生也是一个比较值得关注的问题。所以要使中国人看到这是一条必由之路，我们还有很长的路要走，一方面要进一步发展我们的金融业，使它更加开放，为它提供更多的服务，有更丰富的产品，渗透率更强；另一方面，要注意到它本身的风险，需要有一个良好的监管，大众也需要对它有一个理性的认识，传递这样两个信息就可以了。

中央财经大学教授

李国平

华尔街不应对金融危机负全责

他是中央财经大学投资系教授

先后获得美国耶鲁大学与加州大学伯克利分校奖学金

他曾在旧金山从事投资咨询

他出版了多部重要著作

他就是李国平

中央银行的存在有不可替代的作用

中央银行对一个国家的经济来说很重要。

第一，中央银行负责货币的发行与调节。经济发展需要货币，货币太多了不行——通货膨胀；货币太少了也不行——通货紧缩。国家要根据经济发展的需要决定货币的供应量，所以设立中央银行使宏观经济能够比较平稳地发展，否则就会失去秩序。原来美国是没有中央银行的，所以19世纪30年代的时候，各家银行都能发行货币，结果就乱套了，货币根本就没有用了。

第二，中央银行是最后的贷款人。一般企业或个人都是从银行贷款，但是像银行这些金融机构也有出现问题的时候。出问题怎么办，贷款找谁要？这个时候，中央银行就成了其他银行的最后一根救命稻草，所以叫最后的贷款人。

第三，国家对中央银行起监管作用。金融市场有各种各样的银行，除此之外还有各种金融机构，这些都需要有一个部门来监管。如果没有监管，比如说这个银行有100元钱的存款全部作为贷款发放出去了，人家来取款没有钱了，这种情况是不行的，银行垮了怎么办，所以需要对银行进行监管。现在大部分国家的中央银行也担负着监管的角色，我们国家在银监会成立之前，中国人民银行具备监管的功能，这个功能是不可替代的，所以必须要有一个中央银行。

我们需要独立性比较强的中央银行。简单地说就是中央银行不能随便听政府的。在关于利率和货币的重大问题上，中央银行具备独立的决策权力，最高领导人不能对它发号施令，不能政府想要钱，中央银行就给钱，却从来都不考虑钱的去向和造成的后果。因为政府的功能和职能有时候与中央银行是相互矛盾的，政府想把经济搞得越高越好，但是中央银行要保证物价的稳定。经济增长速度一快，很可能导致通货膨胀，中央银行又是要控制通货膨胀的，所以两个功能相互冲突了。如果说中央银行不独立，有可能大发钞票，经济增长速度很快，导致物价 20%~30% 的通货膨胀都有可能。

中央银行的独立性还表现在中央银行的监管具有平等监管的能力，对所有的银行，根据法律法规，一视同仁，进行公平公正的监管。如果中央银行不独立的话，听最高领导人的，最高领导人说你给花旗放一马，那是不行的。所以中央银行的独立性简单地说不能随便听政府的。

金融创新促进金融发展

金融创新可以从不同的层次定义。首先从宏观方面看，在金融史上所有重大的革命性变革都可以叫金融创新。比如说金本位制度的确立，它就

美国布鲁克林大桥

是一个金融创新；再比如说股票的诞生，这也是金融创新。从这个角度可以看出来，如果没有金融创新，金融就不可能发生次贷，经济更不可能发生次贷，很多事情就不可能存在了。所以世界经济史从某种程度上讲就是金融创新的历史。

其次，从纵向的角度来看，金融创新主要是20世纪50年代～60年代金融业内部的一些变化，包括技术创新、产品创新、制度创新。那么制度创新我们比如说布雷顿森林体系就是一个金融创新，布雷顿森林体系对战后结束汇率混乱的状况、促进战后国际贸易的发展起了很大的作用，这是不可否认的。

再次，从技术的角度来看，在金融学里面有一个很有名的模型，叫布莱克——斯克尔斯期权定价模型（Black Scholes Option Pricing Model），有了这个模型之后，就可以确定期权这样的衍生品价格到底是多少。虽然期权这个东西一直存在，但是怎么确定它的价值呢，它到底值多少钱呢，很难确定。像资本市场定价模型，准确地说就是金融工具方面的创新，在有了这些模型之后，资本市场就有章可循了。对一个公司到底值多少钱，也可以用这个东西来估价。

美国财政部

有了技术创新，可以帮助人们对风险、对价值有更深刻的认识；如果没有这些东

梧桐树下再聚首 会议现场

西，金融就很难发展起来。所以在金融发展过程中，技术创新起了很大的推动作用。从微观角度、最低的层次来看，金融创新立意为金融工具的创新，像我们大家很熟悉的房贷抵押证券、担保债务凭证、贷款违约保险这些东西都是金融工具的创新。很多人说在 2008 年这些金融工具的创新用得太滥太多导致金融危机，但是不同的金融工具或者是金融产品的出现，可以满足投资者不同的需要，到金融市场投资，却是千差万别的。就像我们在商品市场里，你喜欢正装，别人喜欢休闲服装；你喜欢蓝色的，人家可能喜欢白色的。在金融市场里面也有同样的道理，要满足各式各样的需求，肯定要通过创新，把金融市场里面已有的东西通过一种新的办法组合起来。

另外，虽然这一次金融创新导致了风险增加，但是金融创新实际上创造了新的金融工具，又可以控制金融风险。比如期权、期货，都是可以用

美国芝加哥期货交易所老照片

来进行风险管理的。金融创新可以把一些流动性比较差的资产，变为流动性比较好的资产。所谓资产的流动性，简单地说，就是把资产变为现金的快速与容易的程度。有些资产你要把它变现很困难，要跳楼大甩卖才能变成现金。但是通过金融创新可以把这些不太容易变为现金的资产马上变为现金。比如银行发放一笔住房抵押贷款是 20 年期的，也就是说银行要用 20 年的时间才能把这笔贷款完全收回来，通过房贷证券化可以在一瞬间把它全部回收过来。这也是金融创新的一个作用。所以我们不管从宏观还是微观角度看，金融创新对经济的发展、对金融的发展都起了很大的作用。

金融中心跟国内生产总值的关系

国内生产总值的规模，并不是一个国家成为全球金融中心的唯一条件。我们首先要看国内生产总值是怎么构成的，这是很重要的因素。中国的国内生产总值虽然很大，但都是由什么东西构成的？茶叶、丝绸、文房四宝，再

加上瓷器。英国的国内生产总值是由什么东西构成的？钢铁、轮船、大炮、煤炭这些东西。当中国还是一个农业大国的时候，人家已经是工业大国，拿茶叶丝绸跟人家的钢铁大炮相比，已经远远落后于人家了。所以国内生产总值不是一个很重要的标准，还要看国内生产总值的构成，要有先进的产业才行。

其次，国内生产总值代表的经济实力只是成为全球金融中心的一个因素，要成为全球的金融中心还要看综合国力。综合国力也包括软实力。19世纪40年代欧美很多国家已经过渡到了资本主义社会，进入近代文明——工业文明。而中国还在封建社会，他们已经把皇帝都送上了断头台，中国还在文字狱，资本主义制度已经远远跑在了前面。所以制度就是一个很重要的软实力。

当然中国没有成为全球的金融中心还有一个很重要的原因是从明末清初的时候中国就闭关锁国了。把自己关在家里不参加世界经济，当然不可能成为世界的金融中心。但是话说回来，就算当时中国参与到世界经济中心去，凭中国当时国内生产总值的构成，凭着当时落后的制度，中国也不可能成为全球的金融中心。

中国要在金融危机中找准自己的位置

如何找准自己的位置？可以从两个方面来看，首先是这次的金融危机中国损失得比较少，基本上可以说是安然度过了。问题在于为什么中国损失比较少？因为中国没有对外开放，中国的企业和公司很少涉足到华尔街，这扇门是关上的，淹死的永远是会游泳的人。像中国的企业这一次涉足到华尔街比较深的都亏损得比较严重。所以中国要冷静地看待这次安然度过金融危机。并不是因为中国做得比美国好，也不是中国的公司做得比人家强，而是因为中国没有完全走出国门去参与到华尔街里面。

其次，在这次金融危机里，中国让全世界认识到中国的重要作用，但是全世界还要看中国的重要作用是不是可持续的，也许这次危机过了以后，美国恢复了就不需要中国了，也有这个可能。所以在这次金融危机里找准中国的位置，确实要先认识到这一点，先解决中国内部的问题。比如静止增长与发展模式的调整，所谓的可持续增长，这才是最重要的。至于那些像日本当年迫不及待地做金融大国，我觉得是很危险的。而且我们很多人都知道 1985 年日本跟美国签订了一个广场协议，根据那个协议，日本对外开放，结果导致了日本通胀泡沫。很多人说日本当时是被迫的，实际上不是，虽然说当时美国有强迫或压迫，给日本施加压力，让它开放金融市场，但是实际上日本当时是非常愿意做非常愿意配合的。后来日本的胜田，表明对这些，日本可以说不，当时日本的心态是迫不及待地做大国，这对我们来说是一个借鉴。

华尔街绑架了全世界

从表面来看，华尔街绑架全世界靠的是美元，换一种说法是美元霸权。因为美元对世界的影响太大了，现在全球的外汇储备里面有 64% 是美元，那么按照这个比例来算，2009 年中国的外汇储备是 24000 亿，按照 64% 的比例计算超过了 15000 亿是美元，其他国家也是一样。所以可见它们对各国政府的影响，这还是在美元贬值这么厉害的情况下占了 64.2%。

其次可以看全球贸易的结算，大概 60% 的贸易结算是用美元支付的，中国的进出口贸易大部分也是按美元结算的。再比如说 2008 年年底至 2009 年年初的时候，全球的贸易总量大约是 32 万亿美元，美国在这里面的进出口只占 6% 左右，但是这 32 万亿进出口有将近 60% 是用美元来进行结算的。中国在全球进出口贸易中也占了 6%，但是用人民币结算的却不到 1%。

借助货币价值的功能，美元在全球横行。比如石油，全球三大基准石油全部是由美元标价的，石油用美元标价带动了很多商品也用美元来标价。所以越来越多的商品用美元来标价，甚至黄金本身也是用美元来标价。另外，货币作为支付和储藏财富的手段，全世界大部分购物或者还债也都是用美元来进行的。

刚才说到全球外汇储备中 64.2% 是美元，可以看出美元在全球的统治地位。但是华尔街表面看是靠着美元，其实是一个表面现象。华尔街之所以影响世界，关键在于其背后的实力，华尔街本身不断地创新能力，很多方面影响着世界。比如华尔街创造出来的垃圾债券，它的并购影响到了全世界。所以华尔街体现的是美国背后的实力——综合国力。

华尔街不应该为美国承担所有责任

从 2008 年开始的金融海啸至今余威尚存，要全面看清世界金融格局，美国华尔街肯定是绕不过去的一个重要坐标。

从对金融业本身的发展来说，华尔街的影响是最大的，这是其作为世界金融中心以后才开始的。由于在华尔街的发展过程中出现了很多需要解决的理论问题，如资产组合问题、期权的定价问题都是在华尔街提出来的。

金融业需要解决这些问题，因为以前这些问题都没有碰到过，所以从这些方面来说华尔街在金融史上的影响到目前为止是最大的。

不过对金融危机的爆发，客观地来看华尔街肯定是有一定的责任，但是如果把整个都推到华尔街头上，那是很不对的。《时代周刊》曾做过对2008年金融危机应该负责的25人名单，CNN也做了一个10人的名单，还有一些其他的媒体也做了名单，在所谓的名单里面，跟华尔街有关系的人大概有1/3。

格林斯潘是金融危机的“始作俑者”，在这里要负很大的责任。几乎所有应该负责任的人都在名单里，格林斯潘也不例外，在《时代周刊》中排名第五。再一个就是克林顿，金融监管部门的人员几乎占了1/3的名额。格林斯潘在20世纪90年代提出的政策，对房地产的泡沫起了很大的作用，虽然很多人批评他，但是那个时候大家很高兴，因为大家都赚钱了，现在回过头来看，格林斯潘确实犯了很大的错误。

普通的美国消费者也应该负责，因为美国普通的消费者在那时候很贪婪，大家都想赚钱，买很多套房子。大家觉得会赚钱，于是拿第一套作抵押去贷第二套。还有就是这些消费者大手大脚的消费起了非常大的负面作用。美国人在这次金融危机之前根本不存钱的，现在好一些了，美国的储蓄率达到4%，所以在这个应负责任的名单里面，美国的消费者也有很大一部分责任。

国家开发银行首席经济学家

王沅

金融狂欢的盛宴总会结束

她是一位尊重学术价值的专家

她有着传奇的经历

她是招商证券股份有限公司的独立董事

她曾任中国人民银行国际司处长

她是国家开发银行的首席经济学家

政府的守夜人作用

第一个方面是政府。政府在金融发展中应该起什么样的作用呢？我认为政府应该起到行政、立法、执法的作用，其中最主要的是游戏规则的制定。但是在这个过程中，政府又不应该用行政手段来遏制市场的发展，或者是无端地打击市场的创造力和创新能力，这个说起来容易但做起来是非常难的。

我们知道，市场的运行是有内在规律可循的，价格作为一只“看不见的手”在引导市场行为。但市场的运行并非是一帆风顺的，有波折，也有风险，实际上市场或者说价格机制难以解决所有问题，市场失灵也是存在的。这就要求政府从宏观的角度去制定出一些基本的规则和制度，从大的层面去指导、保护市场的正常运行，对违反规则的行为进行规管和打击。当然，政府切忌去干涉微观层面的事务或者说以宏观调控之名行微观干预之实。

《华尔街》是一部记录世界金融中心华尔街300年来发展的历史画卷，不仅给从业者以启迪，也使政府和监管者得以思索。

今天的华尔街是世界金融中心的代名词，或者是一种金融制度安排的代名词。华尔街的发展是世界金融发展的缩影，从一个侧面反映了世界金融发展史。金融危机后的今天，我们重新审视华尔街，更有现实意义。

金融市场的参与不外乎政府、监管者和市场参与者这三方，任何一个金融事件，甚至可以说整个世界金融史的发展都离不开这三者的参与。这三者之间到底是一个什么样的关系，在金融发展中起到什么样的作用，以及各自的定位如何，这些都是值得思考和探索的重要问题。

从华尔街 300 年来的发展来看，政府、监管和市场这三者之间交错的关系有的时候很对立，有的时候又好像很融洽。在发展的过程中，作为金融机构也好，作为市场的参与者也好，处理好自己的利己行为和在社会上应该起到什么作用的属性之间的关系尤为重要。

无论是华尔街，还是中国的金融市场，永远存在着政府、监管和市场这三者之间的定位问题。

监管的艺术

第二个方面是监管。我们经常说监管和管理不是一门科学，而是一门艺术。由于艺术的边界是很难界定的，艺术的标准也是仁者见仁智者见智的，所以能够掌握一门艺术也是非常困难的。监管也同此理，既要尊重市场发展的客观规律，又要遵从大家心里的利益驱动，同时还要把“度”调得非常好，这是非常难的一件事。这取决于监管的基本理念。监管越位，阻碍了市场的正常发展；监管缺位，一旦出现问题，后果往往是不堪设想的。比如，对金融创新的监管，监管者出台一项政策，口子开得过小，扼杀金

金融博物馆展览物，旧现金

融创新，口子开得过大，容易引发过度创新带来的严重后果。

为什么要把政府的作用和监管的作用分别来看呢？实际上政府的作用和监管的作用是完全不同的两个方面。美国证监会SEC，不是政府部门奉行独立的监管。很多发达市场的监管机构，比如中国香港证监会、英国金融管理局，它们也都不同于财政部、劳工部、能源部、商务部这样的政府部门，而是独立于政府。但是在中国，监管和政府的作用有时候混淆得很厉害。这则需要理念的更新和监管部门的进一步"去行政化"。只有建立起一个专业的独立的监管系统，才能使市场得以健康发展。

监管的核心职能是信息披露，目的是保护公众投资者的利益，起到watch dog的作用。同时监管者还要对投资者进行教育，提示市场风险。当然，保护投资者利益并不是说要像一个卫兵一样进行全方位的警戒和保护，而是通过各种形式的投资者教育，使中小投资者对市场风险有个明确的判断，对各类投资工具有清楚的理解，以便作出理性的决定。《华尔街》"阳光交易"这一章非常好，它用非常浅显的语言讲述了信息披露的重要性。怎么样知道一个公司做得好坏与否？作为投资者来说，尤其是对小投资者，他们的利益在资本市场上怎么才能得到保护？都是通过信息披露。那么这就要求披露的信息一定是全面的、准确的、真实的、及时的。这就是监管的职能和作用。在监管的过程中要依法监管，要用法律的、制度的手段来监管，而不是用行政干预的手段，这样才能使市场的各方参与者建立起正确的预期。

市场的自律

第三个方面是市场。市场上的很多行为是原始的、原动力的。这个有好有坏。如果没有原始市场参与的冲动，就永远不会有市场的创新，但是这种原始的冲动有的时候取决于市场参与者自身的道德标准。如果他的道德标准一直很高，他有可能一直把公司运作、市场行为放在一个很高的标准上。但是我们平常看到的现象则是，市场参与者是非常贪婪的、逐利的、不择手段的，很难看到他们的道德底线。这也是一种原动力的做法，是一种自觉的行为，因此市场会朝着这个方向发展。

仅仅依靠政府和监管的力量难以保证市场平稳运行，市场的自律是非常重要的。金融市场最早出现在欧洲，当时还没有监管者，没有证券法。美国第一部证券法 1933 年才出现。在此之前，大家都是各行其是，没有一个明确的监管者，也没有一部明确的法律来规范市场行为。但是不能因此就说 1933 年以前的美国金融是一个蛮荒时代，大家想干什么就干什么，其实在这个过程中也有很好的行业自律。行业自律是一种自发的行为，是由市场在发展中探索形成的大家共同遵守的行为规范。这个行为规范有可能是在酒吧里形成的，也有可能是在一个咖啡馆里大家商量好的。因为大家发现在经营的过程当中如果人们都不自律就会毁掉这个市场。比方说我们

美国芝加哥

五个人在做一件事情，如果三个人做了很不道德的事情，那剩下两个人的饭碗也被砸掉了。所以说，自律是促进市场健康发展的重要保障。行业自律的形成是一种原动力驱使的结果，也是一种创新。

盛宴总会结束

市场在高速发展的时候，业内人士都有一些担忧：是不是下一次调整马上就要来临了？因为这种"欢庆的宴会"开的时间太久了，它总有结束的时候，总要有人为宴会埋单。"Party is over"即欢庆的盛宴要结束了。大家也可以回想起来2000年IT行业的泡沫，当时是一种什么样的状态？我到了美国的西海岸，简直不能相信在当时的美国，几乎所有优秀的管理学院的学生到了研究生一年级就被订购一空了。这些公司有可能是IT公司，有可能是要上市的公司，有可能是华尔街的公司，也有可能是纳斯达克。几乎所有的商店贴的都是招工的广告，广告里包含各种各样的措辞。有的说"We want help!"即我们需要帮手;有的用正式的语气说"我们招聘人员"。我们当时觉得很奇怪，是什么因素让美国的经济能够这样快速地发展？而且当时工资的上升、物价的上升、华尔街股票指数的上涨等迹象让大家开始怀疑这会不会有问题？果不其然，IT泡沫很快就出现了。因此当市场需要调整的时候,随之出现的危机则会推动新一轮的立法。比如安然事件以后，国会通过了《萨班斯-奥克斯利法案》。这就说明市场的发展和监管的进步是交替进行的。

奥巴马和华尔街目前关系非常紧张。奥巴马进入中期选举有很多问题要和选民交代，同时他的救市计划又不能都撤出来，而且由于占用的是国会预算的开支，占用的是纳税人的钱，在美国这种民主社会里他不能没有个交代。在这个过程中，最终起作用的是取决于政治上平衡的关系，是各方的博弈，而不是简单的金融和监管之间的关系。

前花旗集团对冲基金经理
楚钢

一部《华尔街》一幅资本市场波澜壮阔的画卷

他在美国波士顿获得理论物理学博士学位

却在美国金融兴起的大势下进入了华尔街的金融业

他曾在美国花旗银行从事金融风险的定量研究

他担任美国州市政府债券套利对冲基金经理时管理的资产高达10亿美元

华尔街是否还是曾经的华尔街?

2008 年，雷曼公司申请破产保护，将全球性的金融危机推上顶峰，以华尔街为代表的金融体系一度遭遇生存危机，全球经济也陷入了衰退的泥潭。现在金融风暴已经退去，华尔街也不再面临生存危机，金融系统看来已经稳定，美国经济和全球经济也经历了 V 形反弹的复苏。但危机过后，华尔街是否还是曾经的华尔街?

2010 年 7 月 21 日，美国总统奥巴马签署了《华尔街改革与消费者保护法》，华尔街即将迎来 20 世纪 30 年代“大萧条”以来力度最大的金融监管改革；2010 年 9 月 12 日，由 27 个国家银行业监管部门和央行高级代表组成的巴塞尔银行监管委员会宣布各方代表就《巴塞尔协议 III》的内容达成一致，规定商业银行必须上调资本充足率，以加强抵御金融风险的能力；各大银行都开始调整业务模式以适应新的监管要求，摩根大通将开始停止某些自营交易业务，高盛集团将关闭旗下一些自营交易业务部门……作为世界金融帝国的中心，华尔街的未来充满了各种不确定，更加严格的金融监管是否能成功预防下一次危机，而华尔街的创新和发展是否会遭到政府的扼杀?

华尔街崛起的历史是美国崛起的历史，华尔街在美国历史中扮演的重要角色，在推动历史发展进程的重大事件当中，几乎都有华尔街的身影。从美国建国之初第一任财政部长汉密尔顿的"旋转门计划"，到南北战争北方军从华尔街融资，到华尔街巨人摩根在没有中央银行的时代独自承担这一角色，再到信息时代华尔街成就美国经济腾飞……资本的力量是极为强大的，华尔街帮助美国成功地从一个农耕的英国殖民地逐步变成第一世界强国。

美国中央火车站

尽管如此，华尔街的投机和贪婪一直受到公众的抨击，有人甚至将华尔街说成是金融危机的最大元凶。200年来，有关华尔街的争论一直存在。作为监管者的政府和倡导自由市场的华尔街也在相互博弈和制衡，华尔街一直对政府的过度监管心怀警惕，而政府对华尔街的疯狂备感愤怒，两者关系十分微妙。历史上每一次金融危机，都会引发各国对金融体制、金融监管的反思和变革：1792年《梧桐树协议》缔造了华尔街第一份行业自律的公约，1933年《格拉斯—斯蒂尔法案》代表了大萧条后政府对华尔街实施更强的监管和约束的态度，2004年《塞班斯法案》的出台也是一次对华尔街公司治理的及时修复，每一条监管法案的出台都使华尔街付出了高昂的代价。

资本的本性是追逐利润，但如何在公开、透明的前提下发挥它有效配置社会资源的效用，是历代人们所追求的目标。华尔街的多面性也是永恒存在的，资本市场的问题不可能一劳永逸地解决，这需要整个社会为了资本市场的不断完善进行不懈的努力探索。

中国人第一次深入世界金融的中心

中央电视台10集大型纪录片《华尔街》生动翔实地展示了华尔街的成长历史和现代金融发展的来龙去脉，通过一系列美轮美奂的3D模拟影像和大量纪实的拍摄手法，深入世界各大金融中心，走访了众多学者名人，获取了大量宝贵的第一手资料，为观众展现了一幅关于资本市场起伏跌宕和大国兴衰存亡的波澜壮阔的历史画卷。剧组的良苦用心，就是力求还原一个客观、真实的华尔街——它既不是贪得无厌的恶魔，也不是圣洁高贵的天使。华尔街的真实面目，其实是通过对资本的有效配置而推动经济发展的一个体系，而适当的监管和法律约束也会有助于保障这个体系的有效运行。

20世纪70年代末期以来的中国经济改革大潮，推动了资本市场在中国境内的萌生和发展。过去的20多年里，中国资本市场经历了从无到有、从

网络交易股票

小到大的坎坷过程，取得了令人瞩目的发展，在短短时间内走过了华尔街上百年的发展道路。中国资本市场从开始出现的第一天起，就站在中国经济改革和发展的前沿，推动着中国经济体制和社会资源配置方式的变革。而随着中国经济转型需求的日趋迫切，不管是产业结构的调整还是经济增长方式的转变，资本市场的资源配置功能都将发挥更为重要的作用。

中国经济的迅速崛起和金融资本的全球化趋势，为中国资本市场的发展带来了更多的机遇与挑战；一方面我们需要不断发展资本市场助力中国经济腾飞，另一方面也对我们当前的金融监管体制提出了更多、更高的要求。在世界金融的发展进程中，以荷兰、英国、美国为代表的国家各领风骚数百年，每一次变化都在左右着一个国家，甚至全球的兴衰。2008 年金融海啸使得人们对世界金融格局有了更多的期待，既然金融已经成为大国竞争的制高点，那么中国在未来应该如何寻找金融坐标？“以史为鉴，可以知兴替；以人为鉴，可以明得失。”不论是决策者、金融市场实践者还是社会大众，如果能以华尔街历史为鉴，都将获益匪浅。

上海市金融服务办公室主任

方星海

金融危机加快中国金融前进步伐

2005年他被世界经济论坛选为全球青年领袖

他现任上海市金融服务办公室主任

他是斯坦福大学经济系博士

他是中欧国际工商学院兼职教授

他是世界银行及国际货币基金组织中国官员协会会长

融资、发展、法律构建上海金融中心

如果中国要建立一个世界级的金融中心，规模上很容易达到世界前三，但是在功能上要真正跟纽约、伦敦能够并驾齐驱的话，必然有很长的路要走。

首先，要有强大的融资功能，这是一个必备的功能。如果你是全球的金融中心，全世界其他地方的公司如果要融资，到你这来都有可能融得到。全球各地的投资者，要把他的钱投出去，他都可以到你这儿来投。

其次，经济迅猛发展。投资者的需求也不断变化，所以你要有很强的创新能力，要能够及时满足不同公司、不同投资者的需求。

最后，健全的法律保障体系。要有一套让很遥远地方来的投资者或公司都能够放心的法律体系，也就是他的利益在这里可以得到比较公正的保护，他对今后有一个比较确定的预期。

现在中国正在推动上海的国际化，就是希望在上海证券交易所上能够为来自世界各地的公司提供完善的融资体系。中国虽然是一个发展中国家，可是国家的储蓄并不少，有很多资金，这些资金都在国内投资，产生的收益是比较低的，如果说南非的某个公司到上海来上市，它就可以融到相对来说成本比较低的资金，那么中国的投资者如果买南非的这家矿业公司的股票的话，预期的收益应该也会比较好。这样一件事情做成的话，对南非这家矿业公司很有帮助，对中国的很多投资者也很有帮助。对上海来说，我们就起到了一个为全球进行融资的这样一种功能，这个就是今后我们要实现的国际金融中心建设的一个目标。

金融中心发展的大环境

对金融中心的建立条件，经济力量毕竟还是基础。如果说布雷顿森林当时谈判的时候，美国经济的实力不是比英国大好几倍的话，大概布雷顿森林体系最后成立的这几家机构，世界银行、国际货币基金组织，不会全放在华盛顿，肯定有一家会放到伦敦去。经济实力就是基础。当然了，也不是说有了经济实力，在国际上就可以发挥很大的作用，这就是政治上的成熟程度，政治体制方面能不能在这个时候及时地发挥作用，介入这种世界的政治的较量当中，作用就非常大。

美国当时的政治体制，它可以对世界上这些巨大的变化作出非常及时的反应，特别是二战以后这段时间。现在，中国的经济实力在国际上也应该算比较大了，但是坦率地说，中国在整个世界政治格局当中，包括在世界金融体系的变化当中的影响还是比较小的，这就跟中国的政治体制有着密切的关系。在当前这样一种国际金融比较复杂的环境下，中国要怎样及时地利用自己的经济实力介入这种国际经济规则的制订当中，这方面还是相当缺少经验的，而且也缺少相应的人才。现在像世界银行、国际货币基金组织等这些机构，也都希望有更高层的中国人才去那边工作，但是中国现在不能够派出特别适合的人才去，可能有那么几个，但是大规模的我们可能还是派不出，这个就是中国在这些大的机构里面很难发挥特别重要作用的原因了。

华尔街孵化高薪企业快速成长

金融博物馆展览物，老债券

华尔街最初的影响还是基于对美国经济本身的影响。美国有很多大型公司，比如说通用电器、微软、IBM、波音，包括现在在国内经常看到的麦当劳、星巴克，大家可以想想，为什么这些大型的跨国公司很多都是美国的，我个人觉得这与华尔街的作用非常有关系。因为华尔街股票市场、债券市场的发达，不同类型的股票、不同债券市场的发展，使得一家公司只要经营得好，公司的主要领导有眼光，他可以借用华尔街巨大的融资能力迅速扩张。首先是把自己做成整个美国都覆盖的一家公司，因为美国本土的经济就很大，覆盖了美国，这家公司在全球可能就排到最前几名了。然后它也在这个实力的基础上向全球扩张，这就导致了为什么大型公司很多是生长于美国。

另外，美国还有一个特点，就是高科技创新型的公司也特别多，可以夸张地说，这半个世纪以来，高科技领域的创新没有一样不是在美国首先发明的。华尔街在当中起了极大的作用。因为美国这个国家的国民有一种冒险的精神，有一种创新的能力，但是没有金融市场的支持，创新的能力是很难真正发挥出来的。比如说我以前在斯坦福念书，斯坦福大学有很多学生出来创立了很多企业，比如谷歌就是斯坦福的学生创立的，雅虎也是斯坦福的学生创立的。他们很有能力，可是你不能做无米之炊，华尔街就能够给这样的一些创新型的公司机会，在它们还处于非常早的阶段，可能一分钱赢利都没有的时候，就可以让它发股票，还可以发债券。

反过来，我们中国人也不是不会创新，一些年轻的技术人员在创新，但是我们国家这些创新型的公司可能要到连续赢利三年才能去发股票，在它成长初期的时候，得不到我们国家资本市场有利的支持，成长的过程就会很漫长。华尔街就可以给美国这样的公司提供非常有利的支持。甚至我们国家现在有很多我们耳熟能详的创新型公司，像新浪、雅虎等这些公司，它们都是先在美国上市，融了资以后才把资金进一步做大的，也可以说华尔街的影响扩展到了中国的高新技术行业。

华尔街的存在，使得一大批非常有影响力的美国大型跨国企业得以成长起来，同时使得一大批很有影响的高科技企业得以成长起来。有了这样的影响之后，美国的经济才做得那么大。美国的经济体这么大以后，华尔街作为美国的金融中心，它在全球的影响力自然而然就大起来了，为什么呢？以石油期货来说，因为美国经济体大，所以石油的需求量在全球是最大的，没有一个国家可以跟它比。因为它的需求最大，所以纽交所石油期货的价格就可以影响到全球的价格，所以它很长一段时间内就主导了全球石油市场价格的形成。为什么华尔街可以使全世界抖一抖，因为它驾驭的、

金融博物馆展览物，老债券

背靠的经济实力和金融实力就有这么大，所以它主导了全球很多的产品，很多金融价格，利率、汇率的形成，能做到这一步，当然也是因为美国经济的强大，美国经济的强大也是因为华尔街在背后的推动。

华尔街利欲熏心考验美国监管

金融比其他行业复杂的本质在于，金融有很高的杠杆率。就是说一个做金融生意的人，自己拿出来的那个钱，即本金，跟所能掌握的资金，即全部资产来比的话，你的本金是很小的一部分。就是说我用 8 元钱的本金即可掌握 100 元钱的资源，另外 92 元钱都是别人的钱，我玩的是别人的钱。那么一个人在玩别人的钱的时候，他的风险跟收益是不对称的，因为玩成功了，这个收益大部分是归自己的，玩不成了，这个成本，自己顶多亏了 8 元，可是别人要亏 92 元。那么这个里面就有收益和风险的不对称。

所以金融强调自律，人也要有一种道德的约束，这是祖宗传下来的真理。我们国家历史上也是这样的，对一个人内心的情操，自我约束的要求是非常高的，如果某一个雇员在这方面有问题的话，马上会被开除。但是光靠这样的自律，历史证明是不够的，人性有弱点，所以要监管。就是说除了自律以外，政府要监管。

比如说资本充足，就给你限制在 8% 了，你 8 元钱资本金，最多就让你只能调动 92 元钱，如果没有这样的限制的话，那你 8 元钱可能调动 200 元钱，那我的风险就越来越大。然后你在玩别人钱的时候，对你有所规定，比如这些钱你可能只能投在政府债券上，那一些钱你可能只能投在多少级别的公司债上，等等。他把你所承担的风险主动给你约束住，免得你拿着别人的钱净去玩那些风险非常大的投资。

这次金融危机以后就发现，人的自律在当今社会好像在减弱，资本主义刚刚兴盛的时候，大部分人都是从农村搬到城市里去的。在农村有一个特点，大家住在一个村庄里，抬头不见低头见，做了一点坏事，别人都记住，所以他自我约束的能力是非常强的。他做错事以后会被人知道，被人记住，所以他很忌讳做错事，然后自我约束。到了城市以后，住隔壁都不认识，一家公司倒掉了，改头换脸，可以到别的公司去工作。所以这种做错事，长期受惩罚的机制，应该说城市化以后在减弱，现代人对宗教信仰各方面，都不像以前的人那么强了，所以他的自我约束在减弱。

在自我约束减弱的情况下，监管应该有所加强。所以这个就是现在这次金融危机以后，欧美这些国家面临的一个最基本的问题，即在他们这样一种政治体制下，如何加强监管。这个不是说做到就能做到的事情，加强监管以后，就要影响到华尔街这些公司创造利润的能力，他们就在政治上会反对。你管的人到底是一些什么人，你在这些政治体系下，能不能吸引到优秀的人才，能够真正把监管这件事情做好，你做不好还不如少管一点，甚至不管。所以这种矛盾，这次金融危机一下就把它揭开来了。现在，特别是以美国为代表的这些国家，在金融监管方面以后怎么改，危机到现在为止还没有一个定论，到底在哪些地方改，它就是面临这么一个非常深刻的矛盾。客观上要求监管有所加强，可是在美国这样一种政治构架下，要比较恰当地加强监管不太容易做到。

中国金融市场的收与放

金融是一个非常强有力的工具，对一个国家的经济、社会的发展，要把这个工具充分利用好。金融是现代经济的核心，无论是原先的阿姆斯特丹，还是后来的伦敦、纽约，包括今后中国的上海，这个道理都会越来越明显。金融做好了，对整个国家的经济发展、社会发展会起到一个巨大的推动作用。所以绝对不要因为世界上发生一个金融危机，就降低对金融重要性的认识，甚至可以觉得金融的改革开放创新可以稍微延缓一下。

金融很重要，如何把金融这个行业做好，让金融这个非常强有力的工

美国自由女神像

具能够充分发挥好作用呢？要坚持市场化的改革取向，更要以自律、市场自律为基础，然后加以适当地政府监管。千万不要因为这次欧美的金融市场发生了危机，然后就一味地强调政府加强监管，忽略了市场自律，市场竞争本身对金融业发展产生巨大的推动作用。那么一定要坚持市场为导向的金融改革方向。

金融，可以说从阿姆斯特丹作为金融中心开始，它就是一个全球化的现象。也就是很难说一个国家的金融中心只是在本国。

要加大中国金融改革开放的力度，使得中国的资金能够有序地到国外去，国外的资金也能够有序地到中国来。国外的公司能够到中国来融资，包括国外的政府也可以来，中国的公司也可以到国外去融资，然后利用整个金融市场的力量把国内这些公司在全球的业务通过金融这个杠杆实现跨越性的发展，使得中国不仅能够利用国内的资源，也可以把全球的资源都充分利用起来。

另外，怎么做好，这确实是一个非常迫切、现实的问题，千万不能因为有了这次危机,我们以后就什么东西都是政府把它管起来。你可以从纽约、伦敦成长的过程中很清楚地看出来，创新能力这种提升，包括机构这个水平的提升，它都需要市场竞争这么一个环境，需要一种主要是以自律为基础的环境，才能提高水平。

招商证券股份有限公司总裁

杨鹓

华尔街的经验

她是深圳中大投资管理有限公司总经理

她是中信基金管理有限责任公司总裁、董事

她是招商银行独立董事

她是中国人民大学国际金融学学士

她是一位传奇的女性

金融危机谁是受害者

你去沙漠建一座大厦，建这座大厦会有设计者、出资者以及建设者参与。如果大厦建成后，由于地基不稳固，坍塌了，谁将是真正的损失者？答案一定是出资者。建设者只会遗憾这个大厦没有成为一个标志性的建筑而被永载史册，设计者也是这样，他可能会总结一下这座大厦在设计上出了什么问题，给他带来了一个经验教训的积累。

那么大厦的居住者或者享用者呢，原本可以搬进去享用，结果大厦坍塌他没有享用机会了。像美国的次贷危机，无论当时大家发明和创造这样一系列的延伸产品的初衷是什么，由于这个产品产生的巨大问题导致了全市场的出资人、投资人都遭受了巨大的损失，这是个不争的事实。

当然，出资人出资的情况各有不同，例如，在不同层次出资，在不同阶段出资，但无论是哪一种出资，最终风险都是由出资人自己承担。

危机导致的连环损失

需要住房的人，如果原来本身就不具备购房条件的话，在传统的信贷管理方式下他可能买不到房。有了这个创新的做法后，他可能实现了自己的住房梦想，但这种住房梦想的实现是建立在一座地基打在沙滩上的大厦上，创新失败之后，你又回到自己的原点。但是对出资人来说，他是实实在在地损失掉了。像这样引起的全球危机，实际上都是从这种出资的损失联动出来的结果。

这个出资可能是个人的出资，也可能是国家外汇储备的出资。这就出现了很多国家的主权危机。由于出资者投资了大量的次债产品失败，使得整个国家的储备遭受了巨大的损失。还有些损失是海外的金融机构做了大量的次债产品形成的。从本质上说，无论你是哪一类的出资人都会受到真正的损失。

在资本市场里，往往是把对投资人的保护放在非常重要的位置上，尤其是要特别保护那些在信息获取处在完全弱势地位的小投资人身上。因为有些出资人会有一些专业判断，有些人会完全没有专业判断。所以一个资本市场的建设，在投资人的保护上往往都会尽全力去解决，会有很多的保护措施建立。比如，一些有效的法规建立起来的一系列游戏规则，还有信息披露，要求融资方或者产品销售方，他要把信息更多地向人去公开。解决由于信息不对称导致投资人的无辜损失，所以对投资人的保护在整个资本市场运作过程中是很重要的内容。

真正具有能够运用价值投资来进行投资的人就是专业人。所以当你告诉老百姓，说你要价值投资，首先你要想他是否具备这方面的条件。从将近20年在证券市场上，我个人投资的基本原理体会——你真的要去坚持低买高卖，但在老百姓中没有人做得到。

机构博弈的多元化格局

现在很多投资是可以多样化的。价值投资是一个主流投资方式，它是有经济基础的，是建立在很扎实的、很合逻辑的、很合价值观的一种投资方式上。但是很难做得到，像巴菲特做到了价值投资，一是他坚持了他的理念；二是他把他所有的投资都投入公司后，去做这家公司的董事，并参与公司经营战略上的一些指导。专业的机构投资人都不具有找董事长或总裁了解公司情况的可能性，更何况参与到公司经营里头去？老百姓更不可能有这种机会了。所以像巴菲特运用的那套方法是非常成功的，所有人看完以后都觉得是可行的。可为什么世界上只有一个巴菲特？就是因为在他

美国罗德岛

美国罗德岛

美国罗德岛

的投资实践过程中并不是告诉他几个概念，他就做到了，他要进到公司里头去。而进到公司里就有相当的难度，你要获得公司董事会的一个席位的话，要有足够大的资金量，像老百姓买的量很小的这种资金根本就不可能进到公司里头去，唯一能做的就是索取一些报告等。

你去找专业的投资人，委托给投资人，这也是一种方式。市场上，老百姓自己操作的话，真正要做的就是两件事，第一，一定要知道自己的风险偏好，即你能承受多大的风险。第二，你是否真能坚持低买高卖，无论你用什么方法，你是长线是金，低位买进去，等着它将来涨起来再说。还是短线的投机交易，你是不是真做得到低买高卖？其实这个理论是最简单的，但是很多人做不到。很多人初期能做到，买进去之后高了卖了，卖了发现市场还涨，他又买进去。其实第二次买进去可能已经比第一次的卖出高了，但是他第二次可能又获得了一个更高卖出的机会，他第三次再进去，因为市场有时候一个长势就形成一个趋势，这个趋势可能会短则几个月，长则一两年，再长甚至几年，你要让它真正做到低买高卖，也不是那么容易的。真的要研究起投资理论塔又会很复杂。它是你拿着一个价值投资的观点来说，你拿着一个不怎么样的股票，慢慢地去等的话，你不如现在给它卖掉，或者去换一支股票，但是你能不能换到一个真正比你原来更好的股票？你也搞不清楚，所以投资是低买高卖这么一个理论也确确实实是个很难执行的一件事。

美国人把投资交给机构的真正原因

首先，他们的投资文化不如亚洲强烈。其次，他们的投资历史要比亚洲国家长很多，所以他们很清楚地了解到个人的能力，以及获取这样信息的方式都是很难赢得市场的，他很难逃脱在证券市场上充当 90% 是失败者的这一分子的命运，他觉得把钱交出去给专业机构的投资人去投资，可能赢得 10% 的胜利者的概率要大于他。其实不能说所有的专业机构投资者都是胜利者，他们也有失败者，但他们胜算的概率要高一些。国外的投资文化其实对胜算的概率看得是比较清楚的，并且对自己能力的局限性看得也比较清楚。新兴国家，资本市场新发展起来的国家，他需要有一个认识过程，这也是投资者逐渐成熟的一个过程。

华尔街的嗜血性

资本有一个基本的特点就是逐利。但是也恰恰是因其有此特点，它才能够优化资源的配置。

所谓的优化是资本逐利它要赚钱，它要能追捕能够有成长性的企业，能够赢利的资产，这种逐利性本身导致了它在追逐优质的资产。但是这种逐利性如果用到了，对于这种资本的逐利性，所有拿资本出来去进行逐利的各方，如果它都是在一个合法合规的运作模式下去操作的话，那么它是一个很好的东西，但是利益这个东西往往使得少数人或者部分人会寻求一种更高的，它有一种寻求更高暴利的动机，往往这种动机有可能会让它超越法律的规定，或者是不择手段。

而且这种不择手段的结果可能会使很多不知道真相的，或者处在逐利博弈过程当中弱势的一些群体受到伤害，甚至会血本无归。所以，人类的文明也有一个发展演变过程，在资本的原始积累过程，有很多是属于一种不择手段的逐利过程。这种逐利过程带来的是在某种程度上它往往会形成一种血腥性的逐利结果，伤害了大多数投资人的利益，让大家形成了巨额的亏损，少数人在获利，少数人是高度聚集了财富。

美国纽交所

它的嗜血性应该不是说资本本身的特性，应该是运用资本的人过分追逐利益、过分贪婪而表现的一种状态。

当华尔街面对指责

其实看到这个问题的时候，我马上联想中国的证券市场怎么看券商这个问题。在几年前，中国的证券市场处在低潮时，处在证券危机的时候，市场上确实也出现了大量的违规交易行为，导致投资人损失，曾流传“防火、防盗、防券商”的话，他们整个信誉处在了最低谷。尽管如此，所有大专院校毕业的学生仍然愿意进入证券市场，实际上证券市场它是给人带来一种更加富有挑战的事业领域，很多年轻人会追逐这领域，当然除了事业领域之外，还包括对财富的梦想。毕竟证券和金钱的衔接是非常紧密的。所以当你说怎么去看华尔街人时，反过来说，中国老百姓是怎么看中国券商的，可能中国券商太弱小，他们没有形成太多的故事；华尔街的历史长，它在全球有它特殊的地位，所以那儿产生的故事也很多，有些故事甚至是惊心动魄的。

所以对整个华尔街的，从事华尔街业务的全体来说，你怎么去看它？实际更多的是应该从更正面的角度去看它，它也是一个行业。

华尔街像其他行业一样，是金融行业的一个重要的组成部分。谈起这个行业的参与者，现在大家抨击的焦点是这些人拿着和其他行业相比非常不合理的高薪，经过这次金融风暴，全社会都在抨击这个高薪的过程当中，为什么华尔街还在发高薪。其实它有一个本质的东西，就是人才竞争，它是高素质人才竞争极为激烈的地方，发高薪是为了争夺优质人才，争夺那些更富有创造力的人才，争夺那些在整个资本市场的运作当中富有经验的人才。因为整个金融行业制胜的法宝不是说你拥有多少资产，而是在于你有没有一支优秀的人才队伍。所以有那么多的优秀人才、社会精英聚集在这个领域，你怎么能说这些人就都是浑蛋，都是嗜血的魔鬼，都是蛇。

中国社会科学院副院长

李扬

全球正处于后金融危机时期

他是国家级突出贡献中青年专家

他是国务院“政府特殊津贴”享受者

他四次获得“孙冶方经济科学”著作奖和论文奖

被评为“2005年十大金融人物”

我看2008年的金融危机

在我的理解中，华尔街是整个金融业的代称，所以我是从金融和经济的相互关系上来理解它的作用和地位的，也是从这个角度来看过去、今天和未来。

金融是国民经济的命脉，这在美国表现得特别明显。作为命脉，它自然是无时无处不在不产生影响的。但是金融业对国民经济产生的影响，尤其是对资本市场产生的影响，是以金融业特殊的方式来发生的。它会波动，国民经济也会波动，但是它的波动会比国民经济波动更大，它是用一种大起大落的方式来体现国民经济发展的总趋势。认识这一点是很有助于我们认识经过危机之后的整个资本市场和金融业发展的方向问题的。大家可以回顾一下，2001年美国出现了一次危机，就是以纳斯达克市场的崩溃为代表产生的。

局外人看，这是一次资本市场的失败，是一次网络失败产生的崩溃。但是如果你从金融和经济的角度来看的话，就会产生另一种看法——正是通过这种股票市场暴涨暴跌的方式，美国训练并建立起了一种崭新的行业，IT行业。它是一个信息非常灵敏的行业，并且它充分利用信息迅速的这个优势动员资金。但是在动员资金的过程中，就无法避免会有过度动员的问题。我们可以回想，当IT行业在迅速发展的时候，正是资本市场动员大量资金进入这个市场的时候，使这个行业迅速地建立起来。在股市暴跌之后，人

2008金融危机中的华尔街

们看到几家欢乐几家愁，但是与此同时，我们还应该看到尘埃落定之后一个崭新的行业建立起来了。这表明它并不完全是一个破坏性的赌场，它给实体经济留下了实实在在的东西。

马克思在《资本论》中，对股票市场有过两句非常精道的评论，他说交易所是豺狼。因为资本市场充满了欺诈，充满了内幕交易，充满了不确定性。但同时他也说，如果没有这个市场，这个世界今天还没有铁路。这次事件在回顾华尔街历史及其作用的时候作为案例进行讨论，有助于我们认识这个市场真正的作用，就是能迅速地以别的方式所不具有的能力来动员资金，形成新的产业。但是由于它是运用高度夸张的、大规模的，而且中间充满了阴谋、充满了激情这种方式来动员，所以人们往往只会看到浮在表面上的东西，但我却觉得应该看看尘埃落定之后它究竟留下了什么。

如果用这个观点来看的话，此次危机我们就应当全面地看。它确实是给全世界的金融经济发展带来了极大的破坏，但是它也给我们留下了非常多有价值的东西——它对实体经济的发展，还是起到了相当好的作用。至少它使得我们在防范风险的时候，有了更多的工具。而且也让我们学会从中甄别出有一些工具是过分的，让我们避免重蹈覆辙。

中国人民币国际化任重道远

金融关系到的是整个国家的利益，它支持国民经济的发展，因此任何一个国家的金融都必须一刻不停地向前发展，否则就会被历史的车轮碾过。

美国人购买战争独立债券

中国也不例外。这虽然听起来很夸张，但是任何一个国家都不应对这种看似夸张的评价产生质疑。

经济要发展，就必须跟上资本主义的脚步。成也资本市场，败也资本市场，一定要寻找规律，加强监管。当它下线的时候，要使它的不利影响降到最低。

市场总是要向前发展的。所以中国的资本市场，以及中国的整个金融体系还是要飞速发展的。在发展中，我们不能完全照搬现在资本主义国家的规律，只能从中借鉴，再根据中国的实际情况，根据中国实体经济发展的需要来发展中国自己的资本市场。

现在的中国从金融角度来说，不缺钱，中国有的是钱，但是钱都在银行里。如果现在用银行的钱来支持经济发展，特别是支持这种跳跃性、创新性的发展是不行的。尤其是在这个由于科技创新造成的经济剧烈波动的时候，再靠四平八稳的银行资金是无法支撑的，因为它的原则不是支持这个，它所能支持的是产业扩大和谨慎的经营。它并不适合支持有极高收益的同时具有高度冒险性的产业发展，所以这时就需要有一些适合的资本市场发展起来。

另外，这次危机也告诉人们，银行的调整势在必行。因为银行对投资项目、对接受银行资金的企业来说，都形成负债。负债率高就是高杠杆率，而这次危机告诉人们的恰恰是不能形成高杠杆率，所以怎么能降低杠杆率就显得非常重要了。

但是中国资本市场的发展，一直强调要有中小板、创业板，显然这个眼界稍微窄了一点，中国真正需要的是一个支持创业的资本市场。A 股、H 股、B 股，或者是中小板、创业板，都是支持资本交易的。所以在这个意义上，像证监会提出的发展多层次资本市场是有远见的，就是要把它延伸到企业形成、延伸到创业这样一个和实体经济相结合的领域中去。另外，再说出口，中国实际情况是要求资本留在产业，坚持出口的话，就是让资本逃出产业，这有点偏颇了。

所以下一步发展的第一个要点就是要支持创业，像各种各样的 PE、PEV、房地产、信托，所有这些有助于把债务性资金变成股权性基金的创新，中国都应当要支持的。

第二点，人民币国际化目标也确定了。人民币国际化会牵扯到许多已知的和未知的变化,要考虑到和大国之间的平衡关系。然而从金融角度来说，要想使得人民币被接受，一定要有足够的注意力和实际行动发生。

说得稍微简单一点，用美国的例子，中国现在持有的是各种各样的以美元定值的资产，它提供了一个非常有深度而且有弹性的市场，使得中国持有美元这样一个市场得以成立。反过来说，要想使得人民币国际化，就必须有一个非常发达的资本市场，让它拿了人民币之后，有地方能够摆放这些资金。这样看的话，中国的市场无论是深度，还是范围或者是品种都太少了，更何况还有资本管制，对外币的进入还有一些障碍。

这样看的话，中国任重而道远，现在在国际金融危机还没有过去的情况下，绝不能因为大型的国际金融危机，或因为华尔街出了事情，自身的发展就停滞不前，反而是要继续进行。而这种发展是需要根据金融发展的基本道理，根据中国经济发展的需要制定的。

信息披露在资本市场中作用

金融业是个信息行业，金融业的利润来源超过 90% 是来自于信息的搜集、处理、分配以及使用。它是一个信息行业，而这个行业内又产生一个信息严重不对称的情况。老百姓有句话：买的不如卖的精。金融业的金融产品提供者所掌握的信息，要比它的产品和服务的接触者要多得多。所以，就有必要让人们知道，这个行业是高风险的行业。

风险常常不为人所知，或者不为人关注。虽然媒体现在不能够代替人们去选择，也不能来左右你买还是卖，但是它却不能远离这个金融市场。

透明度之所以重要的原因是：它保证了这个市场还是市场。之所以这么说是因为它既不近距离作决定，又保证了你最大范围最大限度地防范风险，从而保护自己。

加拿大皇家银行风险管理部资深顾问

陈思进

负债消费的是与非

他年轻时就是温州房地产商中的佼佼者

却敢在美国从零开始

他曾经亲历过“9·11”却死里逃生

他经历了从计算机硕士做到华尔街金融核心机构副总裁的辉煌历程

最终却决定回到祖国的怀抱

用未来的钱圆今天的梦的对与错

有一个中国老太太和一个美国老太太在天堂里相遇了。美国老太太说，我年轻的时候一有稳定的工作，就开始从银行贷款，住了大房子，买了车，我每个月还银行的贷款，我这一辈子就舒舒服服，等到我死了的时候，银行贷款正好付完，一开始我就过上了很好的生活。中国老太太一听，我太冤了，我从年轻的时候就开始存钱，存到快死的时候刚买了一套大房子，但很快就死了。

这个故事表现的是这些年来美国人的生活状态——赚 100 元花 145 元，因此举国债台高筑。今天的美国，在华尔街蛊惑提前消费、信贷消费的模式下，不但政府欠巨债，普通老百姓也债务高举。在日常生活中，钱包里夹个七八张信用卡很普通，几乎不可缺失。大有“一卡在手，走遍天下尽无忧”之便利，信贷消费已习以为常。

美国费城

所以奥巴马现在说："美国把子孙的钱都用完了……" 如果现在不再借贷，开始偿还债务，定期存退休金，就要省吃俭用，也就是说赚 100 元顶多花 50 元了，这样的后果就将变成：

停止借钱消费，从大房子里搬出来，住进小房子，房价就会恢复到真正的供求关系上，也就是回到以往的年收入和房价之比，1 比 1.6 到 1.8，最多不超过一倍。这样看来美国房价至少还有 30% 到 50% 的跌幅。

停止借钱消费，除了房子以外，本来三年换一辆新车，以后就可能 10 年换一辆，其他的大型家电、电脑、高档家具等也不能随心所欲地搬回家。

如果这样的话，各行各业就将大幅裁员，失业率会进一步大幅升高，反移民的浪潮就会来临，那就把几千万非法移民先赶回老家。

到了那个时候，依据供求关系，物价会大幅下跌，什么都变得很便宜，家中只有一个人上班，老婆 (或老公) 在家带孩子，再养一条可爱的狗，一切回归 20 世纪五六十年代。

这样一来，也无须向中国借钱了，可以把工厂从中国搬回美国，非法移民被赶回了老家，美国人就会像富士康的工人那样"快乐"地干活，失业率的问题就解决了。

美国向来是全世界的榜样，连美国都勤俭持家生活，其他国家也就不好意思乱花钱了。马路上的车少了，房子小了，不浪费了，环境污染没有了，地球也将恢复健康了。

这是针对美国说的，那么这个故事到底给中国人怎样的启示呢？在开始那段故事的推动下，无数中国人奋不顾身地加入"房奴"、"车奴"、"孩奴"的行列。

用未来的钱圆今天的梦违背中华民族几千年的光荣传统。中国古人就说过，不要寅吃卯粮。但是在现今社会，还是有一批人觉得用未来的钱圆今天的梦未必是件坏事。

这到底是好是坏？

经济学有一个最根本的原理，就是供求关系。这个"求"，每个人都有。但是需要注意的是，这里讲到的"求"是有效的需求。我们正常需求的日用品，不需要信贷消费我们就具备的购买能力。而对房产这样具备很大升值空间的消费品来说，我们需要则买，如无购买能力，但是具备还款能力，国家主张进行信贷买房。但如果购买者在买房用途上，已经不把房子作为一个简单的住的场所（甚至失去了住的意义），而只是为升值而买进的话，这种行为就具备一定的危险性了。一旦大家都从银行贷款买房，大笔的资金就会流入房地产市场，势必造成房价迅速抬高，进而形成房地产泡沫。

因此，我认为，过度地信贷消费，如饮鸩止渴。“用未来的钱来圆今天的梦”听上去非常诱人，但结果却是人们用明天的钱来制造今天的泡沫。只有付出更高的代价（利息和涨价）才能换来奢侈的享受。在信贷消费的推动下，银行通过贷款持续不断地创造货币，进而再推动信贷消费，如是循环，流动性过剩，最终形成通货膨胀。

资本的本质与道德的冲突

在华尔街，如果要讲道德的话是没有办法生存的。在华尔街讲道德的人，就像在原始森林当中的小兔子，会被人家一口吃掉。在华尔街打拼可谓是与狼共舞，你想生存，只能比对手更厉害、更凶残。中国要与金融接轨，也就不得不跟华尔街投行打交道，所以千万要注意，不管对方说得再好，本质上肯定是狼，你一定要把他当狼看，而且是吃人不吐骨头的豺狼。你跟他玩的时候，你不能是羊，是羊的话一定会被吃，他是狼，你至少要是老虎。这个很明显，华尔街就是吃你钱的地方，掠夺你财富的地方，而且在这里，它还以一种冠冕堂皇的姿态来掠夺你的财富。

这是资本的原罪，资本就是为了获取最大的利益。马克思有一个经典的名言，当你有300%利润的时候，我不惜上断头台。但是华尔街不是300%的利润，可能是百分之上千上万的利润，100万进去，随时随地，三五个杠杆一动就变四五亿的，为了300%都能不惜上断头台，当有百分之上千上万的利润的时候，它死都不怕，你可以想象它可以什么事情都做得

美国华尔街

出来。

那么现实当中我们应如何对待金融？现代社会离不开金融，恩格斯有句名言，金融就是促进社会发展，因为它有融资的功能。实际上金融最原始的功能就是把社会的闲散资金融入，去投给需要资金的企业，比如高科技，因为刚开始科技创新的时候，你不知道这个新的产品、新的技术是不是能够赚到钱。华尔街在这方面做得不错，比如在20世纪90年代高科技的时候，他投资给硅谷，那些老板风险投资，同时投100个项目，每一个叫广种博收，每一

华尔街铜牛

纽约公共图书馆

个小公司，你给他一个想法，你说我有一个新的想法、一个新的创意，它立刻给你200万、300万。中国有一个著名的公司，就是阿里巴巴，那个时候日本有一个风险投资公司，话只谈了三分钟，立刻就给他几百万元支持他。这是金融正面的意义，投资公司拿很多资金出来投资，绝大多数需要钱而拿不到钱的这些公司，只要它有科技的创意，哪怕失败了也没有关系，因为投资公司想我投资十家公司，只要有一家公司能赚钱，我今后有回报，九家公司这个钱都扔了也没有关系。打个最简单的比方，那个时候有一个公司雅虎。风投公司给雅虎投了几百万，那个老板同时投了十家公司，每一个公司投四五百万，其他九家都亏了，但是投给雅虎的500万，最后回报是500亿，500万最后是500亿，其他那几家也没有关系了，扶持了高科技的企业，科技创新。

华尔街在高新科技发展方面起了极大的作用。在华尔街存在之前，人类社会在金融经济上的运作是很缓慢的，那时候科技的发展相当缓慢，要筹集基金就必须要政府申请或者自己去努力。这里有一个故事，美国有一个著名的作家叫马克·吐温，他写作赚了很多钱，这个人特别喜欢投资新鲜的东西，也投资了许许多多项目。但是那些投资都没有回报，其中也包括一些人利用他不懂投资这点骗他的钱。有一次一个青年人敲他的门，说我有一个特别好的想法，马克·吐温问你有什么想法，青年人说这里有两个小盒子，一个小盒子放在你这个房间，一个小盒子放在你那个房间，我这儿说话你那儿能够听得见。马克·吐温想这个东西有什么用，我跟我太太总共就那么四五间房子，我有事叫一声我太太就是了。当时那个青年人跟他要四五百块钱，他说你扶持我一下，我就能够发展。因为马克·吐温之前的多次投资都没有回报，他就拒绝了这个年轻人。没有想到这个年轻人就是发明电话的贝尔，如果当时马克·吐温投资给他的话，那马克·吐温可能就会获得几百亿元的回报。

华尔街实际上就是把普通民众的闲散资金集中在一起，由它去运作那些风险投资公司，这是华尔街的业务之一——风险投资。对冲资金也是把闲散资金拿过来，投行作兼并，帮企业上市，这些都是华尔街的基本业务。能够融资这点对高科技来说是值得肯定的。

另外有一种现象，美国的富人是不买股票不炒股的。美国人一般工作了以后，政府会给你一个优惠，如果你将年收入的 18% 投入退休基金里，这部分钱就可以不用交税，比如你年薪十万，把 1.8 万放在里面，省去三分之一的税，你就省了六七千元钱。所以绝大部分是通过这部分进去的。也有一部分是中产偏上的人也会去炒股。

华尔街有句俗话，富人买固定收益。富人已经有足够的钱，要保值，所以用大量的钱来买固定收益，穷人才会去炒股，因为股票是高风险的东西。美国政府的公债，大企业发行的债权，我每半年给你 3% ~ 4% 的回报，它很满足，富人因为有足够的钱，我只要今天这 100 万放到 30 年后，只要这个 100 万过了 10 年以后的钱增长也相当于我现在的 100 万，保值就够了，所以都是穷人炒股，富人不炒。

掠夺财富是金融创新的实质

说到华尔街的金融创新，华尔街有一句名言：“如果我能够把我的姥姥或奶奶打包成一个 18 岁的漂亮大姑娘，我也可以把她卖了。”这个实际上就是一个金融创新。华尔街到了今天，就看哪一个地方有钱赚，它就把它创新。比如《阿凡达》，它的票房在全世界那个时候已经突破 25 亿了，它的投资是四五亿，就已经赚了四五倍。因为有了这件事情，华尔街就看到了电影的票房是一个很好的投赌产品，开始有金融创新了，就是叫电影票房的期货。

金融创新的目的是什么呢？它在华尔街内部，每次的金融创新，特别近 20 年这些衍生证券都是所谓金融创新，这 20 年来，金融创新就是获得最大的利润，因为现在金融创新衍生化越来越厉害，一衍生化就有杠杆，一有杠杆就可以把泡沫吹大，吹大以后它就可以剪羊毛，有杠杆才有剪羊毛，这是最明显的金融创新。这次次贷危机就是金融创新所闯的祸。这次次贷危机刚开始就叫次级贷款，仅仅是一个贷款，什么叫次级呢，就是有一部分人的收入不符合贷款的条件，所以就把它的条件放松，放在次贷这一级别。

实际上美国总共次级贷款只有一万亿，他就用金融的方式把它打包，先是打包成为次债，变成债券，这和已经倒闭了的雷曼兄弟其实是一样的，把一样东西变成债券，它就可以卖了。打包以后，一万亿的次贷变成两万亿的次级债券，这才是刚开始。接着再把它变成 65 万亿，通过 CDS，两万亿的债券变成 45 万亿的 CDS，那个时候杠杆就变成 65 倍，把这些次债打包了以后，全世界在卖。

金融创新有利的部分能够形成对冲，有弊的部分打包了以后，就是美国次贷变成次债再到 CDS 的过程，把一个 80 岁的老奶奶先是变成了四五十岁的中年妇女，徐娘半老，但是风韵犹存，还有一定的吸引力，进而把她打扮成为 18 岁的大姑娘，然后推销给全世界，大家买了以后，等她的妆一洗去，仍然是 80 岁的老奶奶，这就叫泡沫破灭。当 80 岁老奶奶真容显现的时候，大笔的金钱就没有了，老百姓的金钱就没有了，最后普通的散户就没有了，到哪儿去了呢？钱没有消失，到了打包华尔街的投行们的袋子里面。从这个角度来说，很多金融创新是华尔街掠夺财富的工具。

中信证券投行委债券业务执行总经理

高占军

《华尔街》告诉我们什么

他是中信证券懂事总经理
他手握金融学博士后的学位
他能将所学的知识转为金融市场的推动力
他洞悉二级市场的资金流动、操作方式和交易对手
也对宏观经济研究颇深
他就是高占军

高占军

由《华尔街》想到的

因为要提供审片意见，所以有幸能够在正式播出之前，得以对《华尔街》这部巨制先睹为快。记得当时欲罢不能，一口气将十集片子看完。总的感觉是，片子的整体性非常好，历史感强，全面揭示了华尔街的方方面面，深入而细致，好看且具震撼力。更早的时候，在样片尚未剪辑完成之前，曾与李成才总导演在金融街的一个咖啡厅谈起这部片子，印象中当时李导对片子希望达到的效果，除了好看，更要做到富有穿透力的反思，以为今天提供镜鉴。我知道李导是一个使命感很强的人。后来看了样片，又眼见现在的热播，我想李导所寄予的目标，应该是已经达到了。

看这部片子，我仿佛又回到金融危机期间那紧张而又刻骨铭心的日日夜夜。并非巧合的是，当时恰为全球金融市场彻底崩溃之后两周年：2008年9月15日，全球第四大投资银行雷曼兄弟宣布破产；2008年10月中国国庆长假期间，美国财政部长保尔森正为了7000亿美元救助方案的通过，四处游说奔波，甚至不惜向众院女议长佩洛希屈膝下跪；2008年10月8日，美、英、欧等6大中央银行联合降息，史无前例。所以，正值危机两周年之际《华尔街》开播，看得出来是颇具深意。

我在危机期间，因工作需要，对危机进行了持续的跟踪，国内资本市场那时也正随危机的演进，而剧烈波动。在危机的几个关键时点，我还曾

美国华盛顿

为《财经》杂志连续撰写过"重估次贷危机"、"美国利率或转向"等评论文章。回想当时的危机，我的心情既沉重而又相当遗憾，因为危机的发生，标志着一个时代的过去，华尔街的核心、真正的投资银行不复存在：美国前五大投资银行中，贝尔斯登和雷曼相继破产倒闭，美林被收购，而高盛和摩根斯坦利则被迫变身为银行控股公司。2010 年 7 月份美国通过的号称 1930 年代大危机以来最严厉的金融改革法案，对金融业施加了众多约束，为金融机构束上了紧箍咒。新巴塞尔协议则拟通过大幅提高资本充足率，限制金融机构的手脚，使其难以如以前一样，肆意放纵。

目前的华尔街，已经与以往根本不同。华尔街不再有往日的荣光，华尔街的辉煌时代终结了。然而，正如本片所显示的，危机巨大的破坏性，使我们开始反思并认识到华尔街昔日的"辉煌"，与过度贪婪、欺诈、产品缺陷、巨额杠杆和监管无效等联系在一起，并非我们所需要。另外，金融不能与实体经济分离，若偏离了实体经济的基础，则到一定程度，必然会招致严重后果。更进一步看，金融为经济服务，也需要设定正确的目标，此次美国为了让更多的人有房子住，不顾借款人的资质，放任次贷产品，这就是设定错误目标的"典范"。当然，在此过程中，金融机构缺乏社会责任，也被痛加诟病。

所以，必须对华尔街、对金融业进行改革。改革并不意味着消灭，华尔街的功能还是要发挥。通过《华尔街》我们就可知道，如果没有华尔街，没有金融的支持，世界会是什么样？政府财政将难以为继，铁路等诸产业发展缓慢，高科技创业企业陷入资金困境，“硅谷方程”不会再被续写，等等。

在改革的过程中，面对存在的问题，必须具有历史的眼光。历史总是循环向前发展的，从这个视角看，改革并不会一劳永逸地消灭问题，因为旧问题解决，新问题一定会在恰当的时候，重新出现，这是历史的规律，不可避免。能够尽量做到的就是，如何将未来出问题的代价，减至最小。新事物是不断出现的，诸多的衍生品、证券化工具和结构化设计，很多都是在上世纪 70 年代之后甚至 90 年代才出现的，需要一个认识过程，对此的监管理念和方式，也在做适应性调整。金融危机的发生，打破了僵局，确定了调整的方向。格林斯潘直到2007年还坚信是正确的东西，比如认为“放宽次贷条件是值得冒的风险，保护房地产权对于市场经济至关重要，我们需要大批房屋所有者支持现在的政权”，而 2008 年之后他就已经公开承认错了。美国及至全球的监管体系长期不变，终至落伍，也需要创造性的破坏。

这就是历史的眼光。

那么向前看，我们需要一个什么样的华尔街？

《华尔街》并未提供唯一确定的答案。但却预留了足够的空间，提供了丰富的参照系和相象力，让我们为心目中理想的华尔街、金融业设定新的标准。我想，无论是美国的金融改革法案、新巴塞尔协议以及其他的举措，都是在为塑造大家心目中的华尔街而做出努力的一部分。当然，在此过程中，也有相当多的不同声音出现，这些声音并不必然都是错误的，但因此次危机，这些声音必然会被忽视。现今，金融业的当下格局已大略成形，它将偏于冷静、保守，甚至可能丧失效率。这种变化是我们目前能够而且也需要接受的——当然，历史地看，它也并非会一成不变。对于中国来说，金融业受到的影响虽小，但仍获得诸多宝贵的借鉴；与此同时，我们还必须认识到中国的金融业尚处早期阶段，危机教训需借鉴，然而切不能过度束缚手脚，丧失掉难得的发展机遇。

上海证券交易所总经理

张育军

创新是金融市场发展的灵魂

他出生于四川

上午在深圳交棒，下午就奔赴上海

他几乎瞬间完成了身份转换

他接连担任深圳、上海两地证交所总经理

这在中国证券市场可谓前无古人

我看华尔街的风险问题

所谓经济当中的皇冠叫金融，金融当中的皇冠叫资本市场，资本市场的皇冠叫做衍生品，这个衍生品是一个很高级的经济形态，有很强的复杂性、专业性和风险性。既然已经通过社会风险把它市场化了，这个市场就是一个高风险市场，华尔街就是一个高风险场所。因此任何情况下发展金融都必须让金融的风险能够有效地化解、分散和控制，做到风险可控、可测、可防范。这时怎样看待华尔街的风险就很重要了。

为了建立一个真正安全、高效、透明的中国华尔街，有几件事情必须准备到位。既然是资本市场，企业家、金融家变成投资家以后，资本是逐利的，资本就有钻制度漏洞的可能，就有它与社会，与政府博弈的本能，这个很正常。从金融发展200年的历史来看，怎样控制这个风险，大体上有四条基本准则必须准备充分。

第一，一定要有完善的法制体系。法制体系最基本的，除了我们讲的社会整个法律体系的完善，在资本市场领域，还必须有公司法、证券法以及同它相配套的金融法律，比如信托法、基金法规等。此外，这个法制还必须是可诉的，投资人可以用来维权。既然可诉，必然就要有相应完善的司法体系，所以这是第一个必不可少的制度。

第二，整个企业的治理必须是可控而有效的。华尔街这一轮危机调控的失败，问题主要还是公司治理的失控。因为职业经理人为了追求个人利益最大化，有时候立场和股东是不一致的，所以公司的治理必须是有效的，大股东要发挥作用，监督机制要发挥作用，企业的内控制度要非常有效。像雷曼倒闭，就是因为内控彻底失效，风险机制彻底失效；花旗内控基本上无效，治理机构基本无效，因此它接近死亡，已经成了恐龙。华尔街必须学会自理，学会自己控制风险，这样才能生存下去，否则的话，它自己失控就是很大的问题。

第三，政府的监管要可控有效。危机时期政府监管体系失控至少证明发达市场的监管体系存在严重漏洞，不能有效地检测风险，防范风险，发现风险以后也不能及时地化解和防范，致使最后风险积累到一起爆发。所以风险的防范体系很重要。

第四，整个社会形成真正的金融、资本市场文化。一定要有一个良好的投资文化，这个文化就是社会的诚信基础。良好的社会投资文化，不是一个追求短期利益、暴利的、急进的投机文化，而是一个拥有良好心态、长效的投资文化。这几方面都做到，金融市场可以发展

得比较好，风险不会体现得那么大。在这里面还有一些东西是属于政策性的，美国这轮危机有个尚未被发现的问题——宏观层面——货币政策、财政政策与产业政策的失败。比如长期的低利率，长期对住房政策一味地信贷支持，政府长期的贸易支持政策，都是这轮危机根本的导火线。两三百年前的亚当·斯密曾讲过，健全的财政，健全的贸易，健全的货币政策都不会让它在一段时期长期繁荣，一段时期集中爆发。美国从 20 世纪 80 年代到 2000 年是长期繁荣，风险没有能够释放，所有人都在赚钱，所以 2000 年有个泡沫，格林斯潘撒钱把它解决了，但这只是从放贷上把钱撒到了房地产上，最后形成了房地产危机。

所以必须让资本市场不断地释放风险，有些年份是涨，有些年份是跌，人们所期望的 10 年牛市，20 年牛市，然后一年风险释放，这个也失败了。所以这些屏障是一定要有的，法制建设，公司治理，市场监管，社会诚信文化，健全的宏观政策，这几套全在内。

展望国际金融中心的前景

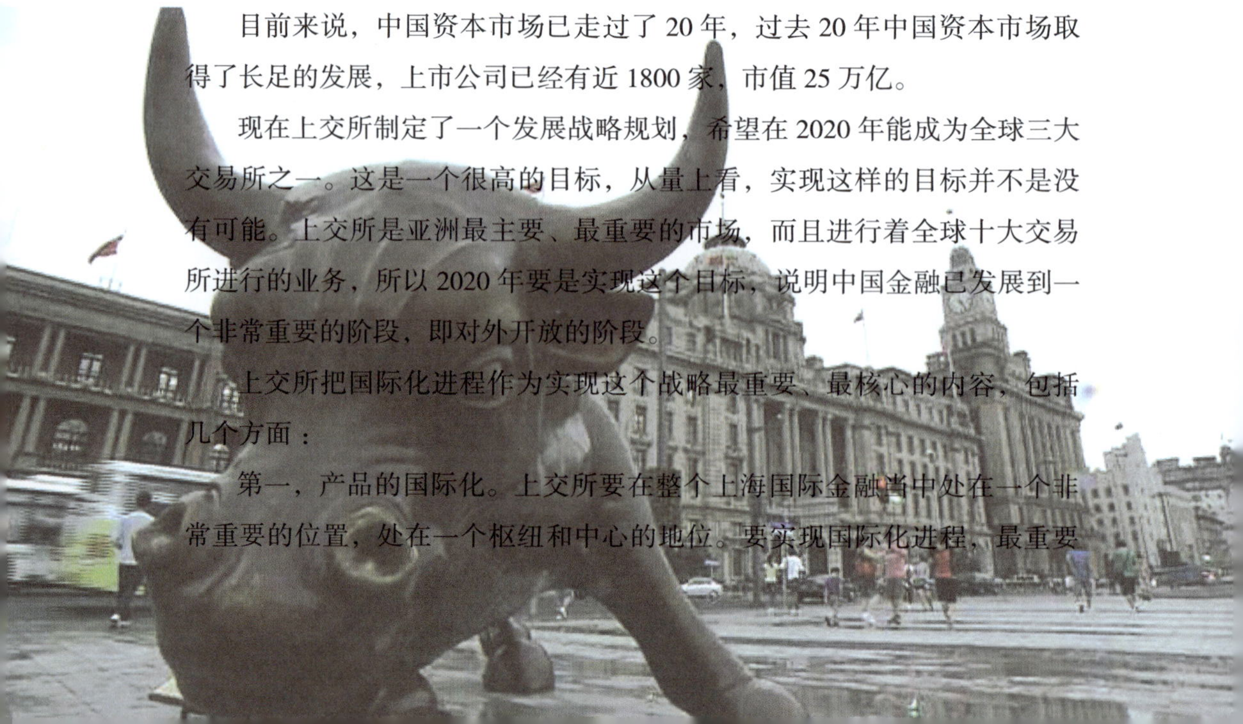

目前来说，中国资本市场已走过了 20 年，过去 20 年中国资本市场取得了长足的发展，上市公司已经有近 1800 家，市值 25 万亿。

现在上交所制定了一个发展战略规划，希望在 2020 年能成为全球三大交易所之一。这是一个很高的目标，从量上看，实现这样的目标并不是没有可能。上交所是亚洲最主要、最重要的市场，而且进行着全球十大交易所进行的业务，所以 2020 年要是实现这个目标，说明中国金融已发展到一个非常重要的阶段，即对外开放的阶段。

上交所把国际化进程作为实现这个战略最重要、最核心的内容，包括几个方面：

第一，产品的国际化。上交所要在整个上海国际金融当中处在一个非常重要的位置，处在一个枢纽和中心的地位。要实现国际化进程，最重要的是产品独立化，因此我们提出了推进跨市场的交易产品策略，包括 ETF 等交易产品，使上交所能够为投资人提供全球产品的配制能力，这才能叫国际化交易所。

第二，投资人参与机构的国际化。对外开放，外国人进来，我们的机构出去。

第三，运作体系的国际化。制度是不是跟国际接轨，信息披露制度、公司管理制度、市场监管等与国际接轨。

第四，人才要合乎国际标准。一批拥有国际视野，合乎国际专业水准，通晓知识产权，司法审判以及其他金融中介发展状况的人才，是上交所在上海建设国际金融中心当中必不可缺的内动力。

这几个方面都有很漫长的路要走，到了 2020 年，上交所也不一定是世界最有竞争力，或者最有竞争力之一的中国金融领袖，中国今后的发展还有很长的路要走。中国的金融业，中国资本市场都还处在发展的初级阶段，或者发展的初期，有几件事情需要长期努力。

第一，长期的法制建设进程。金融在我们传统文化和传统农业社会制度下，还很难找到生根的基础和基因，所以法制建设、制度建设是长期的奋斗目标。

第二，企业的公司治理是一个长期的过程。中国资本市场是在国有经济体系当中脱胎出来的，它是市场经济从原传统对话经济当中突围出来的，它还带着原有计划经济体系下很多痕迹、色彩、特征，公司要真的形成一套高效、透明的治理策略，文化的进程仍然是一个很漫长的过程。

第三，监管体系建立也是漫长的。因为证券监管体系是在传统的政府管理体系下建立起来的，它还带有原有政府职能当中很多过渡性的职责和特征。

第四，中国形成真正的以诚信文化为基础的股权投资文化，这个过程必然也是漫长的。

对中国走建立金融强国的道路，第一，要坚定信心；第二，要有足够的耐心；第三，对中间可能出现的问题要有足够的思想准备。中国经济未来发展过程中要出问题，只可能在两个地方，一是金融，二是能源，不可能在其他地方。所以我们对这两个问题必须保持高度的警惕。金融，包括房地产，在资本市场领域，金融和房地产是连在一起的。所以中国金融在发展过程中，必须对它的风险保持高度警惕，对发展道路的曲折性、长期性，保持足够的耐性。这样中国金融才能有一个健康、稳定、安全、可持续的发展。

资本市场让人只看到赢利

中国国内对资本市场的理解存在一些误区。在中国资本市场方面，有两个问题比较大，一个是金融资本市场知识的普及、宣传不够；一个是人们对资本市场法制建设诚信文化的追求还不够。一个民族要可爱起来，必须是一个诚实守信的民族，我们从中国人现代化的角度来说，资本市场实际上起了一个很大的培养作用。人的现代化需要100年的进程，经过三四代以后，人的现代化才能完成。什么样的人才是现代化的？具有诚信、守法、开放、包容，远见等这些素养，才可能是一个现代化的人。

资本市场本身可以推动很多事情的发展。资本市场长期对法制、诚信有一种根本的诉求，实际上是要求在资本市场发展当中，进一步推进经营领域的改革，我们不可能在没有法制和诚信文化的基础上，建立一个强大的金融和强大的国际金融中心。

此外，投资人的人性弱点在资本市场上表现得淋漓尽致。比如所有的投资人都试图追求高回报，在资本市场有涨跌停板的时候，恨不得自己的股票天天涨停板，行为高度地短期化，收益要求很高，不是风险，而是人的贪婪，被表现得特别充分。这样带来一系列结果，要追求高回报，他就要用很多手段，首要的是坐庄，中国资本市场这么多年没人能够摆脱坐庄的历史，那是有组织、大规模地做庄。其次是内幕交易，就是找对自己有利的信息，去挖公司，找消息，哪个企业有什么内部消息，去打听，政府部门有没有关于资本市场决策的消息，去找。最后是如果找不着怎么办，夸大一点，严重地欺诈一下行不行，在上市公司当中屡屡发生欺诈现象，也反映出资本市场所谓负面贪婪的一面。

这些说明了什么？中国的投资人现在还不成熟，这是我们与西方资本市场最大的差距之一。市场走向成熟，前提是投资人走向成熟，这就要求投资人本身要是理性的、专业的、具有远见卓识的、有自我约束能力的，这样成熟的投资人进行的投资才是成熟的。现在我们市场上缺少这样具有自我约束能力，具有风险控制能力，具有专业投资能力，具有远见卓识的一批投资者。这就决定了我们在短期内难以成立一个国际金融中心，这就是为什么监管机关天天在讲投资者教育，让大家都听烦了，所以这部分就显示出中国作为一个新兴转轨的市场，它的一个巨大弱点。

在有资本市场的地方，人性的弱点暴露得比较充分，而在其他社会领域却可以掩盖，政治家可以掩盖好几年，其他机构造假，没人披露，掩盖很久都不会出纰漏。但资本市场不同，就是要阳光透明。资本市场最早的监管法案叫阳光法案，阳光是最好的防腐剂，资本市场为什么讲这一句，就是要亮出来，所以资本市场比传统金融对企业，对人，对监管机构的要求更高一层。这也是为什么世界上有100多个国家，但是资本市场建立比较好的也就那么十几个国家、十五六个市场，全球交易所60个，做得比较好的不超过20家。

中国为什么暂时还出不了巴菲特，倒是出了很多不同程度的巴菲特，中国资本市场最后

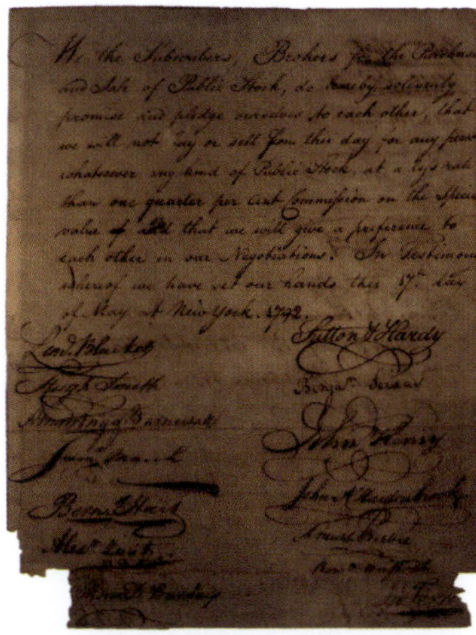

We the Subscribers, Brokers for the Purchase and Sale of Public Stock, do hereby solemnly promise and pledge ourselves to each other, that we will not buy or sell from this day for any person whatsoever any kind of Public Stock at a less rate than one quarter per cent Commission on the Specie value of and that we will give a preference to each other in our Negotiations. In Testimony whereof we have set our hands this 17th day of May at New York. 1792.

Sutton & Hardy

Hugh Smith

Benjn. Seixas

Armstrong & Barnewall

John Henry

梧桐树协议

会怎么样，还需要时间检验。日本市场曾经也有过辉煌或疯狂的历史，事实证明，日本还差那么一点，比英美文化还差那么一点，差的基础是诚信文化，人的现代化，人的素质。

发展金融业，发展资本市场的长期性和艰巨性，是因为它是一个综合的社会工程，这个工程从设计到人的现代化，涉及投资人的现代化。它不会表现为今天西方发生金融危机，我们有权利批评别人，但更重要的是我们要检讨自己，要善于做危机的学习者或观察者，在危机中总结经验教训，在危机中反思自己的不足，这个是根本。从它来看我们的不足，而不是只去看别人的不足。这要求我们要有一个更高的境界，从危机中看别人的不足，如果同样情况可能我们会更糟，看我们下一步怎么办，当我们面对同样危机的时候，我们怎么办，这是我们今天随时要准备的。比较可惜的是，这场危机给我们带来了一种乐观的情绪，带来了对这个事情更多的看别人的负面。我们过去一直把华尔街、把美国作为我们的模范，我们的老师摔跤了，我们成了一个个看笑话的学生，要当心这样一个角色。相反，你应该看见老师为什么会摔跤，我摔下去会怎么样，应该换位来看这个问题，这样中国金融可以走得更稳健，可以走得更好。因为现在全国有太多的第一了，工行是银行里的第一，中国人寿是保险里的第一，中信证券是证券行业的前三名，曾经一度中信和海通都是第一。实际上我们远没到这个程度，我们的工商银行还不能完全同汇丰这样一批优秀的银行相比，我们的中信证券还不能简单地与高盛这样一批券商相比，差距还是很明显的。

股份制带来新投资文化

股份公司的发展，应该说是工业社会以后最重要的制度发明之一。为什么股份公司这么重要，特别是股份公司上市交易以后就显得更重要了呢？从现在公司法的角度讲，股份公司有四个基本职责：

第一，股份公司提供一套企业存在的基本制度，你必须达到一定要求才能称作股份公司。过去成立的那些企业，到公安局注个册，没有资本的，真金白银要掏钱，不管你是一次交足，还是分次交足，反正必须自己掏钱来承担风险，绝对不能是空手套白狼，工厂成立起来就完了，去问银行借钱，谁来承担最基本的创业风险，没有；股份公司首先是必须干多大的事，先交多少钱来。

第二，钱等额划分，每个人的权益是要说清楚的。一般的独资企业和我们的国有企业是不需要划分的。国有企业产权是清楚的，因为是全民的，没有界定到张三李四头上，没有把股份做一个等额的区分，股份有什么，没说清楚；但股份公司制必须权责明确。

第三，清楚权益，股东可以分红，有风险时候，股东必须等额分担损失。这个机制怎么运作，各方是制约的，所以有董事会、监事会、经理层;三权，决策权、经营权和监督权，是分开的，它是一个企业科学民主的决策机制。所以这个制度是一个伟大的发明，提供了一套制度规范，严格划分股份和相关权力，根据这个权力建立了一套公司的运作制度。

第四，资本市场出现后，把股份交易起来，股份公司里面加了一个交易，股份的交易是现代公司制度的本质特征。交易提供了流动性以后，风险向外扩散，同时也无限增加了你的合伙人。以前比如说咱们俩投资一个企业，就咱俩承担风险，但这个事情咱俩做不了怎么办，我们可以纳入社会上的人合伙，我卖一点股份给他，使得一件事情从不可能变成可能了，这是股份公司的第四个特征，由于它的股份可以转让，是股份公司最基本的特征。

公司法用四分之三的篇幅去介绍股份转让的规则，股份转让的游戏，所以这四个基本特征，现代公司法主要讲股份转让带来的一系列法律问题，比如说并购，比如说收购，权益大股东让渡，股份怎么变化，这是所有公司发明的一种关联交易。公司激励机制，我们股份交易的商业原则，这才构成公司法的核心。这个核心就是由现代资本市场构成的，公司法和证券法是一对孪生兄弟，只有公司法的社会，绝不是一个完善的社会，只有证券法来也不行，所以凡是有公司法和证券法的国家，这两个法律比较完善的国家，它们的现代企业制度一定是很健全的，甚至有些国家，比如说澳

美国华尔街街牌

ST

大利亚，干脆就一部法律，公司及证券法。

因为股份的转让和交易成为公司法的核心，所以社会组织如果回归到原始状态，首先是家庭，中间产生了政府，以及政府下的军队。家庭基础上派生出了一些个体工商实体，成立了企业。我们讲宏观经济，讲企业文化分析的时候，总是有家庭、政府、企业三个组织组成了社会，企业组织以什么形态生存，决定着这个社会的效率，社会最后的竞争实力。公司法与证券法为股份公司创造了一套完整的游戏规则，这套规则推动工业社会的发展；企业家，由职业经理人转企业家，企业家转投资人，这样一个庞大的体系使得人的价值翻番，人的价值成倍上升。比如说一个企业如果在实物状态，他的价值是净资产，在资本市场上看你取得多少回报，现在我们资本市场最低对你的净资产乘三，是你的市场定价。如果你特别能带来效益，可能净资产乘 10，就获得 5% 左右的回报，只要你能达到这个回报，市盈率最低是 15 倍，企业的赢利乘以 15 就是你的企业价值，什么叫资产证券化，资产证券化过程就是将你的社会财富倍增的过程。

股份公司制包括公司法与证券法这一套最基本的制度。针对这点，中国很早以前就尝试性地建立了公司法。1993 年中央提出建立现代企业制度，1994 年颁布了公司法，这是很古典、很原始的公司法。现代意义中国的公司法和证券法，诞生于 1999 年。因此 2000 年以后的中国资本市场才是一个快速发展的资本市场。中国资本市场 20 年，前五六年，我们叫试点时期，基本上按照试点的原则，没有什么法规，在五六年试点开始起草公司法、证券法，1996 年颁布以后，资本进入一个快速发展期。到 2005 年完成股权分置改革，消除了中国资本市场与西方资本市场最重要的一项制度差异，所以中国资本市场快速发展才 5 年，别看中间经过了 20 年，可真正快速发展只有 5 年，就是 2005 年以后极速奔驰的景象。

未来 10 年是中国资本市场的黄金发展期和重要的战略机遇期，所以国内资本市场现在在制定“十二五”规划，而我们在做一个 10 年计划，到 2020 年的时候，我们憧憬中国资本市场将比现在更加规范，更加透明，更具竞争力，更具影响力，别看已经走过了 20 年，未来 10 年则更为重要。

导演　赵良

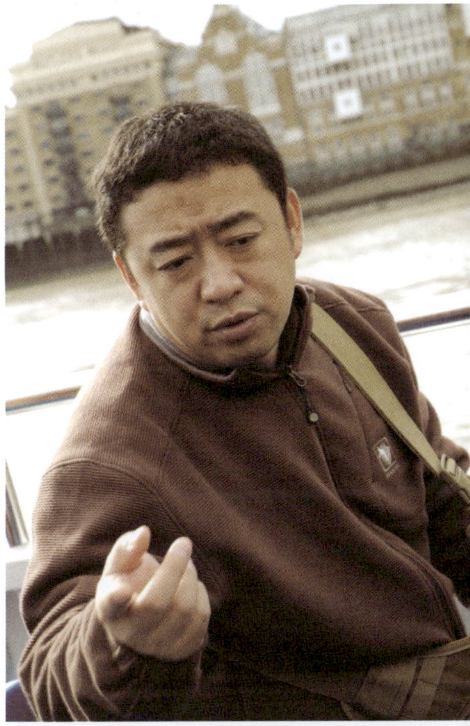

我第一次踏上华尔街最强烈的感受是墙的存在，华尔街起初就是一堵墙，这堵300多年前就已经被推倒的墙成为了我们摄制组深入华尔街的最大障碍。我不想只泛泛地拍摄那些让人感到视觉疲劳的华尔街风景和证券交易场面，而是希望呈现给中国电视观众从没有看到过的华尔街。金融风暴过后，华尔街人在想什么、做什么，它内在的变化又是什么，真正走入华尔街、走入华尔街人的内心世界才是我所需要的。

很搞笑，我们的“翻墙行动”竟然是从华尔街上的健身房开始的，经过一番周折，在那里“猎取”到了年轻的CEO斯考特。由此开始，我们一个接一个的走入金融风暴后脱颖而出的华尔街“新公司”，越来越多地深入到“新华尔街人”的内心世界。金融危机不仅是对资本市场一次又一次的击打，它同时也是一次又一次的将阻碍资本市场发展的墙推倒，为新人、新思维、新理念和新的开创腾出足够的空间。

导演　万剑英（左）

如果我还能有点自知之明，我能明确地知道这是妄想，但是我的智力水平经常让我忘记了自己是谁，何况如果有人给了你一次能够看高自己的机会，谁不愿意妄想一回呢？

《华尔街》的文案工作已经非常艰辛，近10个月的学习、交流、推倒重来、争吵，但是文案工作在整个电视节目的制作中只是一个准备工作，有时更多的是在思想的梳理。文案与前期拍摄、后期编辑、最后成片会大相径庭，这样的血的教训已经屡见不鲜，但这又是必须的过程，在10个月的案头工作中，我们认识了华尔街的唯一的植物——梧桐树，我们找寻到了华尔街的母体来自荷兰和伦敦，我们知道巴菲特的交易员与摩根的交易员席位相邻却相隔了数百年。

导演　周叶

华尔街是我们这十集纪录片的主角。作为创作团队的一部分，我们在深夜造访了我们的主角，没有任何准备和预约，我们站在了它五百米的街道上。在我们眼前的是它繁华过后的静谧，如同任何一条不知名的街道，除了纽交所，联邦大厅，三一教堂这些早已熟记于心的建筑，我们再辨认不出其他建筑，它们看上去如此相似，安静得看不出有人曾出没于此的迹象。应该说在这次与华尔街的非正式见面中，它变得不那么陌生，但也仅仅是如此而已，从陌生到熟悉，也许不仅仅是地理和时间上的距离。我知道，当阳光从高楼的缝隙中照射到这条街道的时候，我们将看到一个完全不一样的华尔街。

导演　石岚

如果要在《华尔街》这条资本历史的长河中找寻中国的身影和足迹，上海外滩的“万国建筑群”应该算是最好的历史佐证。它们虽然经历了外族入侵的沧桑，同样也见证了中国上海曾经作为世界金融中心的辉煌与荣光。

100多年前，晚清著名的政治家李鸿章希望效仿西方的华尔街，于是“股份制”这样的词汇第一次出现在呈送给皇帝的奏折里，于是，“轮船招商局”这五个金色大字印刻在外滩9号楼的门楣上，于是，中国有了第一只华商股票。

从19世纪60年代李鸿章最早开启的洋务运动，学习西方先进科学技术，到20世纪90年代建立和完善现代企业制度，再到今天，企业已经学会更好地利用资本市场的力量，我深切感受到历史的延续和薪火的传承。

导演　黎亚辉(左)

讲到华尔街就不能不讲金融危机，谈到金融危机就必然联系到次贷和金融创新，而讲起金融创新就离不开现代经济学界极其著名的“期权定价模型”和理论体系，这个体系给金融创新赋予了理性、科学的内涵，也让其研究者修斯获得了诺贝尔经济学奖。为了完成拍摄，我的主攻目标定在了修斯教授，可他的回复是“拒绝”。一直到最后我才知道原因，有的媒体牵强附会，把各种不同的观点经过主观加工，强加在他身上。他怕这些报道会给大众带来误解和损失，在与他的接触过程中，我深深感受到一位真正学者的境界和一个有良知、有原则的人的人格。

国际制片　周砚

我曾经告诉我的朋友，我参与的这部央视纪录片之所以需要如此之长的时间来剪辑和制作，是因为它就像一锅热气腾腾的炖肉，各种原料，聚为一锅。在煨的过程中，需要小心照料，最后才能炖成令人垂涎欲滴的上等美味。实际上，当我在用这一比拟来形容我参与这一纪录片制作的过程时，我对这锅炖肉与我作为这部片子的国际制片的经历到底有多相像，还没有具体的认识。我在大学的时候曾经制作过纪录片，但在我的经历中，没有任何东西能够让我感受到如此真切、难忘、极具挑战性，最后又给我带来工作经验的体会。

国际制片　王胜寒

华尔街的触角已并不限于物质层面。如我们这次拍摄所见到的，作为身在华尔街的普通人，生活不是那么精彩。钱自然要赚得多一些，工作时间比朝九晚五长一些，公司中午自助餐的食物要丰盛高档一些。究竟是什么让每一个办公隔间居然都发挥着如此致命的吸引力，让无数有识青年，包括我身边读美国名校的朋友们对“投行”二字顶礼膜拜、前仆后继呢？如同有一次我与朋友请教Coach皮包的市场主管时她所说的：“我们不是在卖包。我们在卖一个梦。”华尔街何尝不是卖一个梦呢。我庆幸自己能够通过本片接受这个梦的洗礼，但更重要的是试图去解构这个梦的搭建。

国际制片　杨力浩

我过去一直有个误区，电视片制作是脑力劳动，而导演第一次见到我就说，拍摄纪录片必须排除万难追求有意思的故事，拍片子说到底也就是讲故事的一种方式。拍摄时，我们经常是眼观六路耳听八方，随时捕捉人物、画面、场景，摄像师、音响师、摄像助理和我都得随时随刻准备行动，只要导演眼中放光，我们就必须奋不顾身地扑上去，一整天跑来跑去非常辛苦，我终于明白：拍电视是一个不折不扣的体力劳动。我很荣幸能够加入《华尔街》的剧组。在短短的四十多天的时间之内，我认识了很多新朋友并学了很多新东西。在美国拍摄的日子给我带来很多无法遗忘的回忆，也让我对美国有了一个新角度的解读。

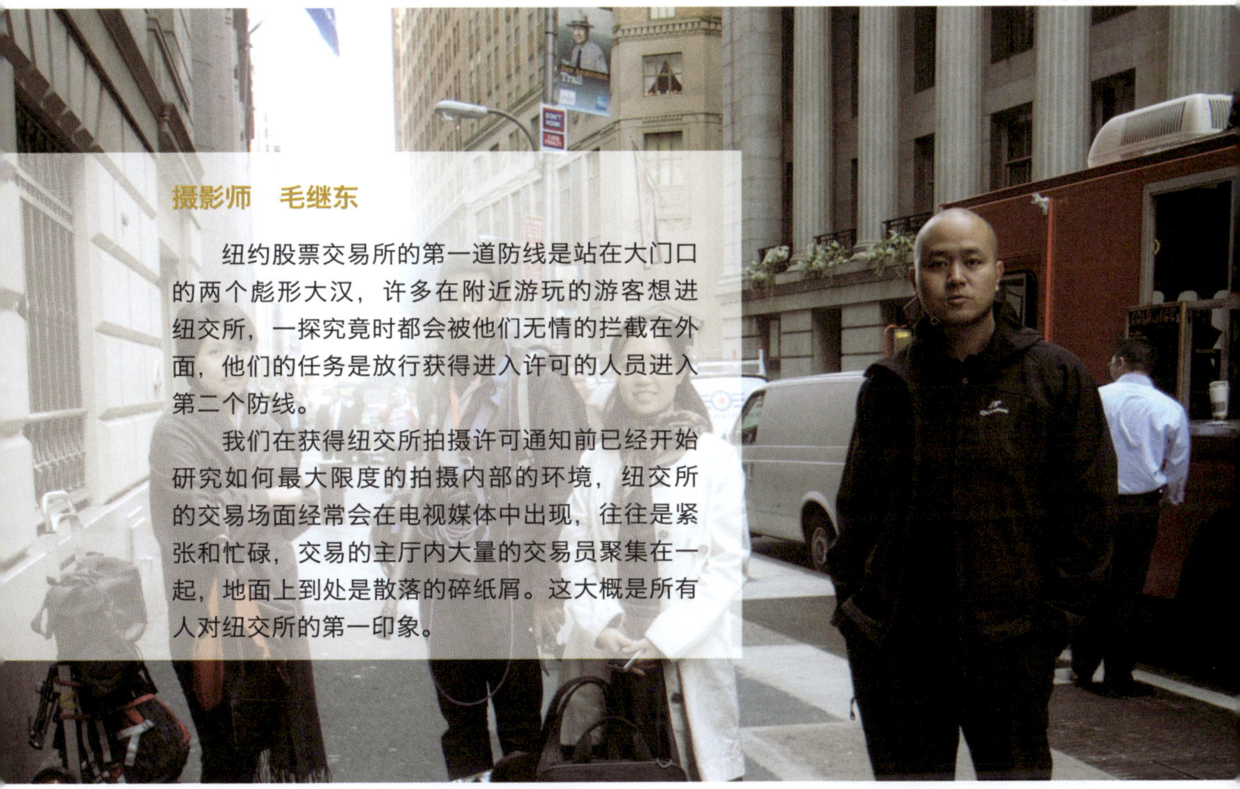

摄影师　毛继东

纽约股票交易所的第一道防线是站在大门口的两个彪形大汉，许多在附近游玩的游客想进纽交所，一探究竟时都会被他们无情的拦截在外面，他们的任务是放行获得进入许可的人员进入第二个防线。

我们在获得纽交所拍摄许可通知前已经开始研究如何最大限度的拍摄内部的环境，纽交所的交易场面经常会在电视媒体中出现，往往是紧张和忙碌，交易的主厅内大量的交易员聚集在一起，地面上到处是散落的碎纸屑。这大概是所有人对纽交所的第一印象。

摄影师　魏圣泽

纽约是世界上“大人物”最多的地方，金融、艺术、传媒……几乎每一个行业的杰出者都集中在这里。我突然想起一个早年间美国女诗人的诗，是说鸽子的，大意就是纽约的鸽子都是种群里的精英，因为深知生存之道、天资聪敏、富侵略性才能在这里饱食终老。但是，它们和别的鸽子放在一起，还是鸽子。

摄影师　朱亮

我儿童时代的万宝路情节，完全来自于大洋彼岸一个经典的销售手段，这是华尔街上的雕虫小技，烂苹果通过华尔街的包装销售，上市后卖出了好苹果的价格，这样的桥段每秒都在诞生。在美国，如何销售自己的理念潜移默化地影响着每一个人，不管你来自何方，哪个领域，中国司机老王、老李通通被格式化。

华尔街教会你如何销售自己、如何销售产品、如何销售货币、如何销售价值观、如何销售整个美国，这块土地上流淌着浓浓的商业气息，因为金钱永无眠。

录音师　毕洋

随着纽交所的拍摄完成，我们短短42天的拍摄任务也圆满的结束了。回想这几十天出国拍摄的点点滴滴，带给我的实在是太多了。在工作上，对于在各种环境下的声音录制与表现，出现各种问题的瞬间反应能力等，我都有了长足的进步，同时我也对荷兰、英国和美国三个国家风土人情、历史经济有了一定程度的了解。这些都不是以上片语可以完全表达清的，还需要我在以后的工作生活中慢慢体会和感悟。

那些记忆 那些温暖

总导演 李成才

2011年春节刚过，纪录片《华尔街》创作团队经过一个秋收冬藏，又开始了新片《货币》的创作，而此时，磨铁图书希望我们再出版同名图书《华尔街Ⅱ》。

纪录片《华尔街》同名图书一经出版，一段时间里占据2010年度财经类图书销量榜首，读者的认可使得出版《华尔街Ⅱ》有了必要。在我们拍摄的400多个小时的素材里，采访了100多位专家学者和业界的重量级人物，而在播出的节目中，他们的出现平均算来还不到三分钟，但是他们却花了几个小时来接受我们的采访，再次认真挖掘并呈现他们智慧而诚恳的表达也成为一件非常有意义的事情。而且在《华尔街》同名图书上市的时候，正值节目播出，当时我们全部的力量都放在播出上，无暇顾及图书出版，尽管图书也非常重要，但当时只能把责任让出版行业的几位年轻人岑科、刘杰辉、俞根勇和王雪承担了。本来一本书更重要的是是否有思想内涵，是否有精确的观点，是否有生动的故事，但还是想借用这个机会来呈现一些我们团队的事情，表达一些记忆，一些感受，我把这些记忆当成我生命中的一段精神物证。也许这些东西还有助于理解华尔街，理解纪录片《华尔街》。

在 2005 年，那时我开始创作《大国崛起》，其中我负责的是美国这一部分。这是一个非常强大的国家，一个太值得阅读的国家，在世界近现代史中，它都是一个极其重要的符号。而它的强大又是一个十分复杂和精密的体系，去解读它的崛起，在当时那样一个 90 分钟的篇幅当中，表达空间是比较局促的。我希望有机会再次翻阅它，扩充它，其实梳理美国崛起有多种角度，比如宗教的视角，创新和科技的视角，还有政治制度、文化、民族性格、自然，还有资本，毕竟这是一个“资本化”的国家。但是哪一种可以让中国的普通民众能更好地理解和借鉴呢？资本确实是一个比较好的切入点，而华尔街，这个资本市场的标志，它在美国的作用，以及由它所反映出的美国面孔，应该说是比较精确的。

“文化”、“文明”这样的词汇的确有高度概括的功能，但也有笼统、含糊、不清晰这样的不足，所以我觉得用经济本身来解读一个国家可能更精确，因为人首先是经济的动物，经济权利是人的第一权利。

我一直存在这样一个逻辑，美国的崛起原因，抛开其政治制度方面，首先是因为其强大的经济，强大的经济背后是强大的公司，强大的公司背后一定有强大的资本，那么这些资本需要附着在什么上面？这就是华尔街。这就是纪录片《华尔街》的缘起，也是最早的创作动因。

2008 年上半年，纪录片《华尔街》正式立项启动，就在我们的团队进行策划创作时，全球的金融危机开始爆发。

此时，人们对华尔街的态度是万众喧哗，有的幸灾乐祸，有的无所适从，有的非常惋惜，有的指责谩骂。用中国一句比较禅意的话就是“一片白云横谷口，几多归鸟尽迷巢”，在那个时刻，纪录片《华尔街》应该传达怎样的立场和声音，给予华尔街怎样的定位，尤为关键。

事实上，在彼时，如果我们去否定和指责华尔街，更容易得到大众的理解和同情，甚至是喝彩，因为当时那种幸灾乐祸，隔山观火的情绪已经非常普遍。但是媒体最重要的价值就是要被人信赖，而这种信赖需要经得住未来的检验，经得住时间的雕刻。特别是纪录片的表达，在真实比较可贵的时候，更应该强调最大限度地接近真实和表达真实。这种真实必须与中国的现代化进程发生关联，要对中国的资本市场起到借鉴作用。所以在这方面，我们给自身的定位非常清晰，也就是我们反复强调的：我们追求正义，但我们不代表正义；我们追求客观，但我们不代表客观；我们追求真理，但我们不代表真理。因此，我们整个专家团队和导演组确定了“五个不”原则：不凌驾，不批评，不指责，不强势，不奚落，这是我们的基本表述语境，这是一个很重要的表达姿态。这种对华尔街清醒的认识和理性的判断，在《华尔街》第一集中就开宗明义地表达了：华尔街两百年的历史告诉人们，它创造财富的能力远远大于它破坏财富的能力。

在整个《华尔街》影片中，我们要求自己尽最大努力谦逊和理性。我们的创作团队从解说词、音乐，到特技，到对场景的拍摄要求，每一个环节都尽力做到客观、扎实。因为我们有共同的认识：这部片子应该是一部通俗的，朴实有华的金融类电视作品，任何华丽的表达方式，都会影响到它的立场和传播。其实，我们的团队拥有很出色的纪录片导演，他们可能会有强烈的艺术化表达冲动，但是这种冲动有时会和概念理念的解读发生冲突，因而我再三强调的是，在尽力做到全面、客观、冷静地表达了基础的概念和理念之后，再给艺术化以空间。

现在,《华尔街》在国内和海外被频繁播出,包括在美国本土的电视市场,收获了很多的赞美和掌声。有人问过我《华尔街》成功的缘由。其实一部片子的命运,在最初创作的时候,你是无法预判的,什么人会为它感动,什么人会和它共鸣,什么人会因它而改变行为等等,这都是无从知晓的,导演所能做的只有严格地去贯彻自己的表达意图和方式原则。《华尔街》播出之后,我开始对照我们最初制定的各项原则,至少我认为我们基本上做到了。

在节目播出大约两个月,收到各种反馈之后,我给我的朋友们发了这样一条短信:我们曾经膜拜过华尔街,也曾妖魔过华尔街,今天我们用最大的努力和诚意进行了客观的回归,廓清华尔街的真实。我们之所以坚持是因为我们的立场一直是明确的:一个大国要有资本市场和华尔街式的存在,中国也必须要有自己的华尔街。这其实也是我们创作《华尔街》始终坚守的动机。

《华尔街》播出后,我参加了很多的观摩、讲座,接受了很多媒体的采访,大多数媒体将目光集中在了我一个人的身上,有时候我真的希望《华尔街》团队的所有创作者,所有给予《华尔街》温暖和支持的人们都能享受这份荣耀。从世俗的角度来看,我成了这部作品最大的受益者,但是我要说的是,像这样的大型纪录片,需要经历很多的环节,需要很多人的参与,因此必须强调这个团队的作用,这是我十多年纪录片的创作经验告诉我的。而且从中国的现状来看,从事纪录片的人比较少,纪录片的产业还很落后,纪录片团队就更少,优秀的纪录片团队少之又少,我要在这里强调的是,在这个纪录片从胚胎到生命成长的过程中,是谁给了它温暖,谁给了它营养。

在《华尔街》项目申报过程中,中央电视台副台长袁正明对《华尔街》进行过这样的表达:中国的现代化进程离不开金融,金融对一个国家发展所起到的作用,是世界发展经验所证实的,中国迫切地关注华尔街,关注世界上这样一条金融道路是怎么走的。他希望看到的是尽量细致具体地反映华尔街,尽量避免宏大叙事。这些教诲,不管是一种师长般的提醒,还是一种领导的指示，我认为都已经嵌入到了纪录片《华尔街》当中，它赋予了《华尔街》一种基本的气质。而另一位师长、领导——罗明副台长，现在是我们的总编辑，他是《华尔街》最终的审片人，他在时时提醒我们对重大政策把控的同时，又完全进入到创作的角色，跟我们谈解说词，谈音乐，谈各种电视元素的处理。首轮审查后修改量巨大，罗台反复提醒大家，尽管工作量很大，还是要注意休息。待片子播出后，他跟我们一样，也处于一种忐忑之中，在他的层面上收集来自各方的评价和反馈，基于此，我们整个团队更愿意将他视作我们的战友。正是因为这些台领导对《华尔街》的重视和呵护，它才得以顺利生长。在此后我参加的很多会议和交流当中，听到更多的是这样一种声音：只有你们中央电视台才有这样的条件和视野完成如此重量级的作品。我想这应该归功于这些台里的领导们，这一点我没有丝毫的奉承和恭维。

其实，在整部片子创作的每一个环节，除了台领导，还有财经频道的领导郭振玺总监，《华尔街》制片人许文广和闫维毅等都在节目的关键管理和创作节点上，给予了辛勤的劳作和细致的指导，坦白地说，没有他们的支持和帮助，就不会有今天的《华尔街》。

《华尔街》可以说是我国第一部真正意义上的金融类纪录片，展现电视创作技巧已经不是我们的目标，为更多的中国大众提供关于资本市场的启示，为中国决策者提供依据，为资本市场的实践者提供镜鉴，是这部片子的最大追求。实际上就是我们所说的，对于这样的影片，坚守内容是第一位的，除此之外再去强调电视表现，而内容的份量不是我们导演团队可以驾驭的。

在整部片子的策划过程中，吴敬琏老师一直给予了我们情感和智慧上的支持，其实在我过去的作品中，吴老的影响一直存在。他是我们团队的瞭望者，也是参与者，还是一个创作者。还有多次给予我们指导的资中筠老师，他们都是那种活得儒雅、明朗的人。我有一次向资中筠老师提及这样一个问题：你们这一代人最可贵的东西是什么？资中筠老师说可能就是对正义精神的理解和对知识分子价值的理解。我想这就是构成他们这一代人的美德，我和《华尔街》正是他们美德的受益者。

一部影片的内容要想得到更广范围内的认可，想要经得住时间的雕刻，最重要的就是要有一个广泛的专家团队，比如耶鲁大学教授陈志武，央行金融稳定局局长宣昌能，国家开发银行首席经济学家王沅，中国证监会研究中心主任祁斌，中国社科院金融研究中心副主任何帆，前花旗集团对冲基金经理楚钢，中央财经大学教授李国平，万科副总裁肖莉，中信证券投行委债券业务执行总经理高占军，加拿大皇家银行风险管理部资深顾问陈思进等等，他们为《华尔街》付出了宝贵的时间和精力。我想他们的付出不仅仅是基于对我们团队的友情，最重要的是对这部影片的重视，是对中国转型，中国现代化的一种情怀。

另外我很想表达感谢的是《华尔街》的出资方之一——招商证券。招商证券的宫少林董事长和杨鹍总裁多次谈到这部片子的价值，他们曾说，金融危机给整个金融业都带来了不利的影响，甚至我国的金融开放脚步也因此放缓了，金融创新的速度也在变慢，中央电视台于此时做《华尔街》，其价值是巨大的。因此招商证券以实际的投资表达了他们最大的支持。这种行为和理念在我看来，它是一个有理想的企业家为中国的金融现代化进程所尽的一份努力，一份担当。还有北京东方龙济董事长王洪波先生，北京新线联合广告艺术中心海哲先生，感谢他们在我们遇到任何困难时所给予的人力、物力上的帮助和支持。

中央电视台和我本人对纪录片《华尔街》所有的想象都是依靠一个强大的团队去完成的。在此，我特别感谢我们的撰稿团队、导演团队、摄影团队、录音团队、剪辑团队、音乐团队、声音团队、特技团队，他们身上所体现出来的职业精神是十分可贵的，有很多的瞬间如今让人想起，都依然会有泪水充盈：

瞬间一：

用我们一位导演的话来说，我们剧组最频繁的外来人员就是各大网站的送书员，而且在我们的剧组里不会出现上网玩游戏、逛淘宝的现象，这是我在剧组看见的一种美好的氛围，我也在努力的塑造这种氛围，我希望这是一个持续学习型的团队，而事实上也是如此。

瞬间二：

我喜欢给剧组讲课，大家称之为“布道”，经常在剧组的会议上朗读我喜欢的文字，记得我第一次在剧组为大家朗读的就是让·雅克·卢梭的《论人类不平等的起源》，“我希望我的国家……”，再后来又有《致橡树》、《联邦党人文集》……在这里我要感谢我的团队对我若干次“布道”的容忍，因为我自认为自己是个电视节里的读书人，我希望我的团队都享受这个乐趣，并且转化成他们成为导演的必备的能力。

瞬间三：

有一天凌晨三点我跟随一个摄制组出发，因为必须赶在早上六点之前跟拍一位纽交所的交易员。在工作中我发现在不远处还有一个片场，犹豫之间，发现手举挑杠的录音师在跟我打招呼——原来是我们的另一个摄制组。自从出国拍摄之后，我已经有 30 多天没有见到他们了。后来我才知道他们凌晨两点就从曼哈顿的郊区赶来，跟拍一位一直在寻找“墙街”那道墙的女士。

瞬间四：

因为摄制组分布在不同的时区，我的手机处于 24 小时开机状态。一天凌晨四点传来一个坏消息——美国摄制组的设备出了故障，而作为生产线的拍摄行程表是绝对不能有任何变更的。从早上开始，全组上下，从领导到工作人员，发动了所有的关系，寻求一切可能送一套新设备给美国的摄制组。终于获得一个机会，但是必须在中午一点前办完所有的设备领取，报关等手续，并将设备送到北京机场三号航站楼。于是，那一天，所有手持各种证明文件，报关手续，机器设备的人员，都做好了准备，站在路边等待着，一辆车飞驰而来，开门，递上东西，关门，车又绝尘而去……次日凌晨 5 点，我再次接到了来自美国组的电话：设备完好到达！那一刻，眼泪夺眶而出，随即把这个消息告诉了相关的领导和同事们。

瞬间五：

一天，我刚走进办公室，助理便紧张地对我说："曲磊病了，已经流了三天鼻血了。"曲磊是我们在美国摄制组的录音师，他坚持要留在岗位上，一再地说自己能行，但我依然迅速做出决定，让他尽快回国接受治疗。《华尔街》这样的项目，有四个境外摄制组，共有 20 多人，按照事先制定好的行程单在国外拍摄了 50 多天，的确不是件容易的事情，他们当中任何一个人的身体出现状况，都将影响拍摄生产线，所以我一直叮嘱大家人身安全和身体健康是要放在第一位的，以至于所以人员回国之后，每个人安全到家必须给本组的导演报个平安，之后各组导演向我报平安，最后由我给领导报平安，我记得当时我给领导发的短信是这样的：我们已经安全拍摄归来，我们的任务已经完成了一大半。因为国外的拍摄是不可预计的，而接下来的任务是可以知晓的。

瞬间六：

接连的意外让全组同仁心里忐忑不安。运作这样的大型项目，这样一个被寄予厚望的项目，我们一直小心翼翼，如履薄冰。可是任何事都会存在不可知的风险，老天有时就像爱捉弄人的孩子，于是，我们留守北京的同事一起到雍和宫请了一次香，只求我们诚意的付出会有神灵的感知和佑护，让我们的拍摄人员平安归来。

瞬间七：

我们的特技团队——来自水晶石制作公司的特技师们，在被关掉空调的仲夏夜，每人脚底一个小风扇，抵抗着黏人的热空气，完美地打造出一帧帧特效画面。尤其是接近尾声的时候，修改量非常大，使得特技负责人李思都不敢接导演的电话了，因为每一个电话都意味着有可能带来一次新的修改。

瞬间八：

在全片进入紧张的后期制作时，不眠不休，灯火通明，车轮大战，这些我们都不陌生，机房里搭满了铺，睡满了人，时间是这样被挤出来的，片子是这样被赶出来的……

这样的瞬间还有很多很多。是这些年轻的导演，摄影师，剪辑师和技术人员，是他们身上的那种恪尽职守，守土有责的职业精神，一点点赋予了这部片子生命。我深爱着我的导演团队，不仅仅是因为他们当中有DISCOVERY的签约导演，不仅仅是因为他们当中有人获得釜山电影节的最佳短片奖，也不仅仅是因为他们还曾做过《大国崛起》这样的作品，而是因为他们在一个团队中所表现出来的既顾全大局，摆正角色，又保持自己的创作风格和才华的平衡性。他们既是个性突出的纪录片导演，又是《华尔街》称职的团队成员。他们是:赵良、万剑英、王宁、周叶、刘东生、黎亚辉、申岩、陈丽丽、石岚。

如今,我们这个团队已经过渡到纪录片《货币》的创作中了,而《华尔街》中的精神和理想也将会被继承下去。

最后，对于那些给予我们赞美的目光，给予我们中肯的建议，给予我们热烈的期盼的所有的人，让我再次说一声感谢！《华尔街》让我们一分耕耘却十分收获，因为我们在片中做的任何一点诚意的思考，你们都会认真地汲取,观察并接收,甚至是放大了接收,这一点大大超出我最初的预料。我们收获到了之前根本没有想到的掌声和赞许，正是从这种反馈中，让我们的团队总结出了一个很重要的立身之本：充满谦逊，充满理性，充满诚意，充满善意，充满希望。这种精神在未来会一直继续。

我认为，享受温暖的人，一定会释放温暖。

《华尔街》总导演　李成才

2011年2月25日

跋 POSTSCRIPT

真实的华尔街

耶鲁大学管理学院 金融学终身教授 陈志武

第一次到纽约华尔街的人，往往会吃一惊 :“原来这就是有名的华尔街？！”真正的华尔街很短、很窄，街名牌子也不起眼，平日来往的人也没几个，如果碰上阴天下雨，华尔街那一带还会显得凄凉，谈不上有什么热热闹闹的“市场”气氛。但，这就是真实的华尔街，有形可见的东西就是街两边的这些楼。

正因为华尔街和其代表的金融证券市场总体上是看不见、摸不着的，就给我们提供了巨大的想象空间。对多数人来说，可能难有机会去正式学习、了解现代金融市场，而只能从报纸、电视新闻里，了解据说是掌控全球经济命脉的华尔街。结果，从新闻报道中看到了什么呢？看到正在倒闭的雷曼兄弟，看到即使在金融危机的 2009 年人均奖金还高达 77 万美元的高盛，看到空卖空买的投机银行家，看到阴谋设计让希腊政府超负荷负债的投行家，看到设计推销“有毒”证券的贪婪“吸血鬼”……

那么，华尔街到底是什么？它跟我们的生活有何相干，对我们的就业、创业有什么影响？难道华尔街对美国经济在 19 世纪的兴起、20 世纪的强大有过贡献？金融是否就是一场持续几个世纪的阴谋……这些以及许多其他涉及到普通个人、家庭、企业与社会的问题，都是《华尔街》电视系列纪录片和这本相配的书所要回答的。

《华尔街》剧组花了几年心血，经过一轮又一轮的讨论、规划、再讨论、再规划，跑遍美国和西欧多国采访众多学者、专家，这么多人的心血就是为了一个目的，就是要建设性地揭开一个谜：既然华尔街发展了两个多世纪，经历了一次又一次的金融危机打击，而且一代一代的银行家、投行家的确赚了大量的财富，200 多年里从来没有缺少过对华尔街贪婪的指责。但是，众多危机、丑闻都没能阻挡停住美国金融市场的发展，每次危机过后照样爬起来更健康地壮大，这本身就说明华尔街必然对美国、对世界至关重要，美国经济、世界经济离不开源自于华尔街的金融。因为人性决定了：任何东西只有在它具有真正的价值，而且是不可或缺的价值，才能经久不衰、繁荣昌盛。

金融的价值是什么？这就是《华尔街》要解的谜。